전국 방방곡곡, 이순신을 만나다

전국 방방곡곡, 이순신을 만나다
(대한민국 구석구석 이순신과 이순신 유적지의 모든 것)

[뿌리깊은나무®] 시리즈 No. 06

지은이 | 제장명
발행인 | 홍종남

2018년 12월 8일 1판 1쇄 인쇄
2018년 12월 16일 1판 1쇄 발행

이 책을 만든 사람들
책임 기획 | 홍종남
진행 | 홍정욱
북 디자인 | 김효정
교정 교열 | 좋은글
제목 | 구산책이름연구소
출판 마케팅 | 김경아

이 책을 함께 만든 사람들
종이 | 제이피씨 정동수·정충엽
제작 및 인쇄 | 천일문화사 유재상

펴낸곳 | 행복한미래
출판등록 | 2011년 4월 5일. 제 399-2011-000013호
주소 | 경기도 남양주시 도농로 34, 부영e그린타운 301동 301호(다산동)
전화 | 02-337-8958   팩스 | 031-556-8951
홈페이지 | www.bookeditor.co.kr
도서 문의(출판사 e-mail) | ahasaram@hanmail.net
내용 문의(지은이 e-mail) | jjm1545@naver.com
※ 이 책을 읽다가 궁금한 점이 있을 때는 지은이 e-mail을 이용해 주세요.

ⓒ 제장명, 2018
ISBN 979-11-86463-38-3
〈행복한미래〉 도서 번호 069

이순신을 만나다, 전국 방방곡곡

|제장명 저|

행복한미래

전국 방방곡곡, 이순신을 만나다

　이 책은 저자가 해군사관학교에 재직할 때 집필한 이순신 전적지와 유적지 답사 안내서인 『충무공 이순신의 흔적을 찾아서』를 수정·보완한 것이다. 해군사관학교에서 퇴직한 직후인 지난 2018년 1월에 발간한 기존 책자는, 일부 이순신 선양 단체와 군軍 내에서만 한정 배포되어 일반 국민들이 접하기 어려운 점이 많았다. 주위의 많은 사람이 이 책을 활용할 수 있도록 출판을 해달라는 요청이 있어, 이번에 내용을 수정하고 보완하여 『전국 방방곡곡, 이순신을 만나다』라는 제목으로 출간하게 되었다.

　우리나라 전역에는 역사 인물의 유적지와 기념 시설이 많다. 특히 안보의 중요성을 공감하는 국민적 정서를 고려하여, 역사 인물 중 국난극복에 기여한 인물들의 기념 시설이 특별히 많은 것이 현실이다. 이는 국가의 안위를 최우선으로 하는 정부 차원에서 전근대 시기부터 꾸준히 추진해온 선양 사업의 일환으로 설치된 것이 대부분이며, 별도로 일부 후손들에 의해 조성된 경우도 있다. 그중 국가 안보와 관련한 역사적 인물로 가장 대표적인 분이 바로 충무공 이순신이다.

우리나라 국민의 35%가 영화 〈명량〉을 시청했다고 알려질 정도로 이순신에 대한 국민적 관심도는 여전히 높다. 400여 년 전의 인물이지만 이순신이 보여 준 행적은 시공을 초월하여 우리에게 큰 교훈을 주고 있다. 따라서 이순신의 유적지와 기념 시설을 찾는 국민들이 많은 것은 자연스러운 현상이다.

이런 이유에서 이순신이 태어난 곳부터 전사할 때까지의 행적을 살펴서 이를 기념하기 위한 유적지 정비와 기념 시설의 건립은 중요한 일로 간주하였다. 이것은 광복 이후 정부의 선양 사업에서 중요한 일이었고, 꾸준히 추진되어 왔다. 이순신의 탄생지, 성장지, 무관 시절 근무지, 수군 지휘관 시절 주둔지, 해전지, 방문한 곳, 전사 해역, 묘소 등에 관련 기념 시설이 세워져 있다.

기념 시설의 형태로는 크게 보아 제사를 지내기 위한 사당, 주변에서 쉽게 보고 기억할 수 있도록 형상을 만든 동상, 그의 업적을 기리기 위해 세운 기념비가 있다. 그리고 그의 생애와 활약상 및 사상을 총정리하고 진열하여 관람객들에게 종합적인 교훈을 심어주고자 만든 기념관 등이 대표적이다. 이러한 시설물들은 주로 인근 공원에 조성되어 관람객의 발길을 쉽게 이끄는 경우가 대부분이다. 그렇지만 일부 기념 시설들은 한적한 곳에 방치되어 주목을 받지 못하는 경우도 있다.

　이러한 기념 시설들은 관람객들에게 관광과 함께 이순신을 배우고자 하는 욕망을 충족시켜 준다. 따라서 건립 주최 측에서는 이를 효율적으로 전달하고자 안내 설명문이나 표지판을 설치하여 관람객의 편의를 도모하고 있다.

　그런데 이러한 기념 시설을 찾고자 하는 답사자에게 도움이 될 만한 안내서는 찾아보기 힘들다. 이순신 유적지만을 소개하는 책자는 몇 권 되지 않으며, 그나마 전체를 포함하지 못할뿐더러 상당 부분 사실과 다르게 기술된 것도 발견된다. 그리고 대부분 개인 답사기 형태라서 객관적인 사실에 대한 소개가 부족하다. 임진왜란 유적지 안내 책자는 가끔 있지만, 여기서도 이순신과 관련된 내용 소개는 매우 적거나 아예 빠진 경우도 있다.

　이 책은 이러한 현실을 고려하여 국민들에게 이순신의 정신을 보다 정확하고 쉽게 이해할 수 있도록 도움을 주기 위해 출간하였다. 지난 2015년부터 해군사관학교 '충무공 연구부'의 역점 사업 중 하나로, 이 책자를 출간하였다. 필자가 해군사관학교에 근무하던 시절 전국의 이순신 전적지와 유적지에 대한 현장 답사를 시행하였다. 필자는 지난 18년간 이순신을 전문적으로 연구하면서 장병들과 함께 남해안의 이순신 전적지와 유적지 답사를 매년 20~30회 정도씩, 10여 년간 실시한 바 있다. 특정 해전지는 200회가 넘게 현장을 방문하였다. 따라서 답사지에 대한 전문적 식견과 관련 정보는 매우 풍부하다고 생각되었지만, 책을 만들기 위해서는 보다 세심하게 현장을 확인해야했다.

　전국의 이순신 유적지에 대한 재답사를 시간적 여유를 가지고 면밀하게 추진하여 실태 조사를 실시하였다. 특히 전적지와 유적지가 가장 많은 경남과 전남 지역의 총 17개 지자체에 설치된 기념 시설을 확인하였다. 이와 함께 안내 표지판 250개소를 살펴보고, 오류가 있는 곳은 건립 주최 측에 수정을 권고하였다. 이후 2016년 후

반부터 2017년 전반기까지는 서울·충청·전북·부산 지역의 기념 시설을 답사하였다. 이어서 부산과 경남·전남 지역 유적지에 대한 재답사를 시행하였다. 여러 가지 사정으로 1회 만에 자료를 수집하지 못한 경우도 있었기 때문이다. 저자는 답사할 때 사진 촬영을 병행했음은 물론이다.

필자가 자주 가지 않은 지역은 지역 향토사학자와 문화원, 시·군청 문화관광과를 방문하여 자료 수집을 병행하였다. 기존에 알고 있는 지식과 현지에서 파악하고 있는 내용이 다른 경우도 있기 때문에, 더욱 객관적인 사실 확인에 충실한 것이다. 이 지면을 빌어서 자료 수집에 협조해 준 관계기관 업무 담당자에게 감사드린다. 이 책자를 만드는 데 집필은 1년이 소요되었지만, 실제 준비 과정을 포함하면 3년이 걸린 셈이다.

이러한 노력의 결과 한 권의 책으로 탄생하였지만, 여전히 부족한 점이 많다. 지금 이 순간에도 이순신 관련 기념 시설들이 생겨나고 있는 것도 한 이유일 것이다. 이번 답사 안내서를 기반으로, 이 책보다 좋은 안내서가 나오기를 기대한다.

이 책자의 구성은 특별·광역시를 포함하여 이순신과 관련된 도 단위로 소개하였다. 서울·충남·전북·전남·경남·부산 지역을 대상으로 하였다. 이순신의 활동 순서에 따라 관련 유적지를 소개하였다. 예컨대 경남 지역의 경우 가장 먼저 전투를 벌인 거제 지역을 먼저 소개하고, 이순신이 전사한 남해 지역은 마지막에 소개하는 형식이다.

이 책자를 읽기 전에 다음의 사항들을 참고하면 좋다. 이 답사 안내서는 기존 여느 답사 안내서와는 성격이 다르다. 기존 책자는 답사지에 가는 방법이나 주변의 환경, 교통, 숙박, 인근 관광지 등에 대한 정보를 곁들이면서 기행문 형식을 띠는 경우가 많다. 그러나 이 책은 이순신과 관련된 답사 대상지만을 소개하고 있을 뿐이다. 다만 답사 대상지가 소재하고 있는 곳을 밝혀놓았기 때문에 이것을 참조하여 답사자가 관련 수단들로 검색하여 주변 환경을 파악하면 된다.

이 안내서에 수록한 내용은 이순신이 태어나거나 자란 곳, 무관직을 거친 곳, 해전지를 중심으로 구성하였다. 해전지의 경우 해전이 벌어진 지역의 특징도 함께 소개하였다. 예컨대 당포해전을 설명하면서 당포진성의 특징도 곁들였다. 해전이 벌어지지는 않았지만, 이순신이 장기간 주둔한 곳으로 수군진이나 유적이 남아 있는 곳도 소개하였다.

각각의 유적지나 기념 시설을 소개하면서 필요할 때 고지도를 삽입하여 설명을 한 곳도 있으며, 시설물이나 유적지별로 사진 자료들을 수록하여 입체적인 설명을 하였다. 아울러 역사적 사실뿐만 아니라 관련 설화도 함께 소개하였다.

이 책자를 읽는 대상은 성인으로 하였다. 역사적 사실이 수록된 문장은 생소한 용어가 많기 때문에 될 수 있으면 쉽게 서술하면서, 난해한 용어는 괄호에 풀어서 서술하였다. 그렇지만 역사 용어의 생소함은 어쩔 수 없는 만큼 독자 자신의 노력으로 극복하길 바란다.

흔히 이순신에 대한 호칭으로 '충무공', '충무공 이순신', '이순신 장군', '이순신 제독' 등으로 다양하게 사용되지만, 이 책자에서 이순신에 대한 호칭은 '이순신'으로 통일하였다. '이순신'이라는 이름을 부른다고 해서 이순신에 대한 존경심이 줄어드는 것이 아니다. 이것은 보다 인간적으로 이순신에 접근하자는 차원에서 호칭을 통일한 것이다.

끝으로 비록 이 책자가 부족한 점이 많지만, 이순신 전적지와 유적지 답사 안내서의 기본서로 활용되어, 이순신에 대한 올바른 교훈을 계승하는 데 조금이나마 도움이 되길 기대해 본다. 이번 시도를 시작으로 향후 더 나은 안내서가 발간되기를 바란다.

2018년 12월 진해 웅산자락에서

제장명

차례

1부　서울특별시 : 이순신 태어나다

2부　충청남도 : 성장과 안식의 고장

²부 전라북도 : 백성을 다스리고 수군재건을 구상하다

5부 경상남도 : 전승을 거둔 해전지

6부 부산광역시 : 임진년 최대 규모의 승리를 거두다

서울특별시
: 이순신 태어나다

서울특별시와 이순신

　서울과 이순신은 어떤 인연이 있을까? 먼저 이순신이 태어난 곳이 바로 서울이며 과거 시험을 본 곳이고, 무과 급제 후 두 번째로 근무한 곳이기도 하다. 그리고 첫 번째 파직 이후 복직한 곳이며, 제1차 백의종군 후에는 일시적으로 임금의 명령을 전달하는 선전관으로 근무한 적도 있다. 더욱이 서울은 이순신의 생애에서 가장 큰 위기 상황에 처해 의금부에 투옥되어 생사 위기를 맞은 곳이기도 하다.

　여기서는 이순신이 탄생한 곳이라는 측면에서 이순신의 가문에 대한 간략한 소개와 함께 탄생 당시의 상황만을 소개하고자 한다. 왜냐하면 이후의 행적에 대해서는 아무런 흔적이 남아 있지 않기 때문이다.

　이순신의 가문인 덕수 이 씨 가계는 고려시대부터 시작된다. 1세조는 돈수敦守인데, 고려조에 정 5품 무관직인 중랑장을 지냈다. 고려시대 이순신의 선조는 무반에서 시작하여 문반과 무반을 교차하다가, 고려 말기에는 한미한 무반이 되는 부침을 겪었다.

　조선조에 이르러서 이순신의 가문은 일시적으로 현달한 가문이 되었다. 7세조 변

邊과 9세조 거_据는 벼슬이 고위급에 오른 대표적인 인물이다. 이순신의 조부인 백록百祿은 1534년(중종 29) 성균관 생원이었으나, 음직蔭職으로 중종 말년에 평시서봉사(平市署奉事, 시장 상인들을 관리하는 직책)를 지냈다. 그는 1544년(중종승하년)에 아들 혼인을 치르면서 주육설판酒肉設板*을 벌였다는 죄목으로 고초를 겪었다. 비록 아들 정貞에 의해 신원이 회복되었지만 백록은 장독으로 사망하였으며, 이때부터 집안이 기울기 시작했다.

이순신의 부친 정貞은 병절교위라는 명예직의 하급 무관벼슬을 받기도 했으나, 부친(백록)의 불우한 말년을 목격하고 정치에 대한 환멸을 느껴 일찌감치 벼슬을 단념했다. 그는 아들 4형제와 딸 하나를 두었는데, 아들의 이름을 모두 고대 중국의 전설에 나오는 성군聖君의 이름을 따서 첫째를 희신羲臣, 둘째를 요신堯臣, 셋째를 순신舜臣, 넷째를 우신禹臣으로 지었다. 이것의 의미는 항렬자 신臣을 사용하되, 역사상 가장 존경받는 임금의 신하가 되라는 기대를 반영한 것이었다.

이순신의 출생과 관련된 이야기로는 어머니 변 씨가 이순신을 낳을 때 시아버지인 백록이 꿈에 나타나 "그 아이는 반드시 귀하게 될 것이니, 이름을 순신이라 하라."고 일렀다고 한다. 또 이순신이 태어났을 때 점쟁이가 찾아와 "이 아이는 50세가 되면 북방의 대장이 될 것이오."라고 일러 주었다고도 한다. 이러한 일화들로 보아 이순신은 태어날 때부터 주변 어른들의 많은 기대와 관심을 받았던 것 같다.

이순신의 자字는 여해汝諧로 중국 오경 중의 하나인 『서경書經』에서 따왔다. '여해'라는 자는 순 임금의 신하로서 '조화롭고 화목하게 정치를 펴라'는 의미였다.

이순신의 탄생지가 서울이라는 사실을 증명하는 자료로 '홍길동전'의 저자 허균許筠의 『성소부부고惺所覆瓿藁』를 들 수 있다. 이 책에서 다음의 내용이 주목된다.

---

* 주육설판

술과 고기를 벌여놓고 잔치를 벌이는 것으로, 당시 이백록의 사돈댁(종친 이준)에서 혼사를 치르는데 그날 공교롭게도 중종이 승하한 것이다.

나의 친가는 건천동에 있는데 청녕공주靑寧公主댁 뒤부터 본방교本房橋까지 겨우
34집으로 조선 이래 많은 인재를 배출하였다. 김종서·정인지·이계동이 일세를
풍미하였고, 양성지·김수온·이병정 등이 또 일세를 풍미하였으며, 유순정·권민
수·유담년이 일세를 풍미하였다. 그 후에 노수신 및 나의 선대부, 변협 등이 일세
를 풍미하였다. 근세 인물로는 류성룡, 나의 형(허성許筬으로 추측됨), 이순신, 원균
등이 일시에 이곳에서 태어났다.

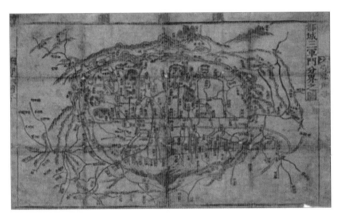

조선 후기 고지도의 건천동

다시 말해 임진왜란 당시 명상名相으로 조선 정국을 주도하던 류성룡(柳成龍,
1542~1607), 명나라와의 외교에 공이 컸던 허성(許筬, 1548~1612), 이순신과 함께 수군으
로 활약한 원균(元均, 1540~1597) 등이 같은 동네 출신이라는 것이다.

후일 선조에게 이순신을 천거한 사람은 류성룡이다. 선조는 류성룡에게 이순신
이 어떤 인물이냐고 묻자, 류성룡은 이렇게 답하였다. "이순신은 한 동네 사람이어
서 신이 어려서부터 아는데, 직무를 잘 수행할 사람이라 생각합니다. 그는 평소에 대
장이 되기를 희망하였습니다. 또 성품이 강인하고 굳세어 남에게 굽힐 줄 모릅니다."
이 말은 류성룡이 어렸을 적부터 이순신과 교분이 있었다는 것을 의미한다.

이순신은 12세를 전후한 시점에 서울을 떠난 것으로 보인다. 왜냐하면 류성룡이 고향 안동에서 서울로 올라온 시기가 13세 때였으므로 3살 연하인 이순신의 나이 10세쯤에 류성룡과 만난 것으로 추정되기 때문이다. 그리고 후일 류성룡과의 친분을 고려해 볼 때, 두 사람이 적어도 1~2년간은 서울에서 같이 살며 교제를 나누었을 것으로 보아, 이순신은 아마도 12세 전후에 아산으로 이사한 것이 아닌가 생각된다.

2

서울의 이순신 유적 현황

(1) 생가 표석

서울 중구 인현동 일대는 이순신이 탄생한 곳으로, 그의 생가는 현재 중구 초동 명보극장 터로 추정하고 있다. 이곳을 중심으로 남산 산록일대가 모두 이순신의 어린 시절 활동 무대라고 볼 수 있다. 그 역사를 기리기 위해 도로명 '충무로'가 있다.

그런데 실제 이순신 생가가 오늘날 어디인지는 정확하게 규명되지 못하고 있다. 건천동이라는 기록만 가지고는 현재 지명에 맞추기는 어렵다. 건천동이 오늘날 서울 중구 일원임은 확실하다. 그러나 인현동 1가 부근이라고 주장하는 근거는 불명확하다.

다만 현재 세워져 있는 생가 표석은 1985년 10월에 세워진 것으로, 당시 서울을 빛낸 많은 인물들의 표석과 함께 세워진 것이다. 이는 당시의 연구 수준을 고려하여 세운 것으로 정확한 생가 터는 골목 안으로 들어가서 위치해야 하지만, 많은 사람들이 볼 수 있도록 대로 주변에 세웠다고 한다.

서울 중구 초동에 세워 놓은 생가 표석(빨간 점선 부분)　　　　　　　이순신 생가 표석

　　이런 이유로 지난 2008년 서울 중구청에서는 이순신 생가의 정확한 위치를 확인하기 위해 관련 학자들로 하여금 연구 용역을 추진한 바가 있다. 이후 서울시청에서는 그 결과를 가지고 생가 터 복원을 위한 학술대회도 가졌다. 관련 학자들의 연구 결과에 따라 건천동의 현재 위치에 대해서 다음과 같이 간단하게 정리할 수 있다. "서울 남산자락에서 이어지는 주거 지대는 조선시대에 남촌이라는 이름으로 불렸다. 건천동은 이 남촌의 일부이다. 그런데 이순신이 태어난 건천동의 범위를 세부적으로 확정하기는 어렵지만, 오늘날 을지로 4가에서 5가 사이로 볼 수 있다."라고 결론지었다.

최근 설치한 이순신 생가 표지판(신도빌딩)

최근에는 생가 표지석이 세워진 곳으로부터 골목 안으로 150미터 들어간 지점의 건물 ~~ㅇ구맨션~~에 탄생지 표시를 하였다.

(2) 광화문 이순신 동상

광화문의 이순신 동상은 정부의 산하단체였던 애국선열조상건립위원회와 서울 신문사의 공동 주관으로 1968년 4월 27일 건립되었다. 1967년 3월 20일 착공하여 13개월 만에 완공된 것인데 당시로서는 국내 최대 규모였다.

광화문 이순신 동상

동상의 제원을 살펴보면 30평 화강석 좌대 위에 세워진 동상의 전체 높이는 17미터이다. 정확하게는 총 높이가 17.49미터로 좌대 10.56미터, 동상 6.93미터이다. 전면 대석 양끝에는 청동주물의 독전고督戰鼓 두 개가 놓여 있으며, 좌대 하층 부분에는 높이 1미터, 길이 3미터 되는 청동 주물 거북선이 있다. 또 좌대 좌우에는 배진도配

陣圖와 해전도海戰圖가 6미터 높이로 새겨졌으며, 좌대 뒷면에는 노산 이은상 씨의 명문銘文이 청동 주조로 들어가 있다.

왜 이곳에 이순신 동상이 세워졌을까? 직접적인 배경은 당시 박정희 대통령이 "일제 때에 변형된 조선왕조의 도로 중심축을 복원하기에는 돈이 너무 많이 들지만, 그 대신 세종로 네거리에 일본이 가장 무서워할 인물의 동상을 세우라."고 지시한데서 비롯되었다고 한다. 이러한 광화문 네거리에 위치할 애국선열 동상의 인물 지정에 대한 배경으로 "세종로와 태평로가 뻥하니 뚫려 있어 남쪽 일본의 기운이 강하게 들어오게 되므로 이를 제어할 필요가 있다."던 당시 풍수지리학자들의 주장이 반영되었다고 한다.

이러한 배경에서 국가의 심장부로 통하는 광화문 네거리에 위치하여, 국가를 수호하는 지킴이의 의미를 지닐 선열조상의 인물로서 임진왜란 때 왜적을 물리쳐 나라를 구한 충무공 이순신이 결정되었던 것이다.

1950~60년대 당시 전국에 많은 애국선열들의 동상이 세워지던 가운데 광화문의 이순신 동상은 애국선열조상위원회의 의뢰로 당시 서울대학교 미술대학 조소과 교수였던 고 김세중 선생*에 의해 설계, 제작되었다. 광화문 이순신 동상은 김세중 선생이 제작한 많은 기념물들 가운데 가장 심혈을 기울인 작품이며, 또한 가장 빼어난 수작으로 평가받고 있다.

이 동상의 조각적 특징은 기념비적 상징성에 있다. 그것은 형상의 완전한 사실성보다는 그 인물이 지니는 역사적 의미를 강조하는 표현인 것이다. 각 조각가마다 다

---

* 김세중 선생(1928~1986)
종교 조각가이며 기념물 조각가이기도 했던 김세중 선생은 절두산성당과 혜화동성당의 부조 등 종교적 주제를 형상화하는 조각 작업과 장충동 유관순열사 동상, 파고다 공원 3.1운동 기념부조 등을 비롯한 많은 애국기념물의 조각 제작에도 참여한 바 있다.

른 표현 성향을 가지고 있는 가운데, 광화문 이순신 동상의 이러한 특징은 종교조각과 애국상징조각에 평생을 바쳐온 조각가 김세중 선생의 표현맥락으로 보기도 한다.

자세의 상징성은 종교조각물이나 기념조상에 있어서는 기본적이고 중요한 표현언어이다. 그는 삼각산과 경복궁을 배경으로 보이는 도심 중앙의 차도 사이에 그 위치가 지정된 이순신 동상의 자세와 그분이 보여 주신 호국정신의 표현에 있어서, 무사적 동세보다는 상징적 수호자상의 자세를 택하였다고 한다. 이러한 상징적 표현자세를 택하게 된 가장 중요한 배경은, 역시 국가의 중심으로 통하는 길목에 놓일 호국성웅상이라는 위치와 인물의 특성이 지니는 맥락이다.

동상의 모습은 늠름한 모습으로 당당하게 선 채 국가의 중심으로 통하는 길목을 지키고 있으며, 오른손에 칼을 든 모습은 칼이 상징하는 실천적 힘과 호국에의 신념을 의미한다고 한다. 광화문 이순신 동상이 지닌 설계상의 특성은 차도의 중앙분리대라는 공간에 맞추어 설계되어 있다는 것이다.

비교적 넓은 공간이기에 큰 규모를 지니고 높은 좌대에 놓여 있어 멀리서도 이순신 동상을 바라볼 수 있으며, 차를 타고 지나가며 또는 가까운 보도에서는 좌대의 아랫부분에 놓인 거북선과 좌대 양 옆의 해전도를 볼 수 있다.

(3) 전시관 '충무공이야기'

2010년 4월 28일 개관한 '충무공이야기' 전시관은 광화문 세종대왕과 이순신 동상이 세워진 광장의 지하에 조성되어 있다. 정확한 명칭은 '세종이야기 충무공이야기'인데, 같은 공간에 두 인물을 소개하고 선양하기 위해 건립된 전시관이다.

이 중 '충무공이야기' 전시관은 2007년 국가상징가로 조성사업 확정에 따라 2008년부터 시작된 세종대왕선양사업의 연장선상에서 건립되었다. 따라서 2009년 10월 9일 세종대왕 동상 제막과 세종이야기 개관식을 가진 후, 이듬해인 2010년 4월

28일에 개관하였다. 전시공간의 구성은 총 6개 구역인데 ①성웅 이순신의 생애, ②조선의 함선, ③7년간의 해전사, ④난중일기를 통해 본 인간 이순신, ⑤이순신의 리더십, ⑥영상체험관으로 구분되어 있다.

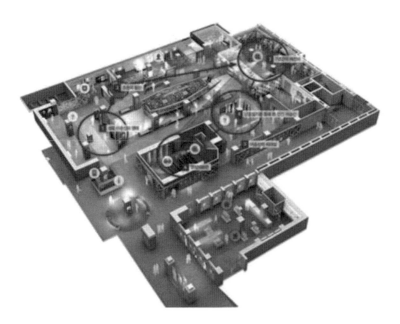

충무공이야기 전시공간 평면도

2부

충청남도
: 성장과 안식의 고장

1

충청남도와 이순신

충청남도와 이순신의 인연은 어린 시절부터 지금까지 이어져 오고 있으며 그 중 크게 2곳과 인연이 깊다. 첫 번째는 아산이다. 아산은 어릴 때 서울에서 이사를 한 후 청소년 시절을 보냈던 곳일 뿐만 아니라 관직 생활 중 파직이나 휴직, 백의종군 중일 때 아산의 본가에 일시적으로 머물렀던 곳이다. 특히 아산은 이순신이 임진왜란 마지막 해전인 노량해전에서 전사한 후 영원한 휴식을 취한 곳이다. 두 번째는 관직생활 중 세 번째 직책인 충청도병마절도사의 군관으로 근무한 서산 해미이다. 또한, 이순신이 직접 방문한 곳은 아니지만 보령시에 위치한 충청수영도 소개하고자 한다. 왜냐하면 임진왜란 시기 통제사 이순신은 충청수군도 휘하에 거느리고 활동했기 때문이다.

조선 후기 청주목의 충청변영도(비변사인방지도)

아산 : 청소년 시절의 흔적과 묘소

　이순신의 아버지 '이정'은 이순신이 12세가 되었을 때 가족들을 이끌고 충남 아산 송곡리로 이주하였다. 아산 송곡리는 이순신의 모친 변 씨의 친정 마을이었다. 아산으로 이사한 후 이순신은 사대부 가문의 가풍을 따라 글을 읽기 시작하였다.

　그러다가 21세를 전후하여 이순신은 혼인을 하였다. 아내 방 씨는 보성군수를 지낸바 있는 아산의 유지 방진方震의 딸이었다. 방 씨와 혼인한 후 이순신은 무관 출신인 장인의 영향을 받아서인지, 붓을 던지고 22세 때부터 본격적으로 활을 잡고 무인이 되려 했다. 장인 방진의 도움을 받으면서 무과를 준비한 이순신은 마침내 32세에 식년 무과를 치러서 당당히 급제하였다.

　이순신은 무과급제 후 22년간 관직생활 중 파직과 휴직 시 본가가 있는 아산에 머물렀다. 그리고 순국 후에는 이곳의 묘소에서 영면하고 있다.

(1) 현충사 일원(사적 제155호)

※ 소재지 : 충남 아산시 염치읍 백암리 100-1

현충사 전경

○ **현충사의 유래와 변천**

현충사는 이순신이 전사한지 100여 년이 지난 1706년   에 건립되었다. 두해 전인 1704년에 충청도 유생들이 "호령하고 싸우던 남해안 곳곳에는 많은 사당이 서고 사액까지 되었는데, 공이 옛날 사시던 마을이며 거리가 온전한" 아산 땅에 사당이 없음을 안타깝게 여겨, 조정에 사당 세우기를 청하여 허락을 받았던 것이다. 당시 현충사는 현재의 현충사 서편에 위치한 충무교육원 뒷산 기슭에 세워졌었다.

사당이 건립된 이듬해인 1707년 숙종은 현충사顯忠祠라는 액자를 하사하였다. 숙종은 제문에서 "하늘이 재앙을 내릴 땐 인물을 함께 내어 망함에서 건져 내는 소임을 맡기거니와 공도 이와 같은 경우"라고 서두를 뗀 다음, "절개에 죽는다는 말은 예부터 있거니와 제 몸 죽여 나라 살려 냄은 이분에게서 처음 보네"라고 썼다. 이후

이 '신망국활 시견사인身亡國活 始見斯人'이라는 글귀는 이순신을 극찬하는 유명한 말이 되었다.

그 후 1706년부터 공의 위패를 모신 사당에서 해마다 유림들이 춘추 향사를 지내오다가, 영조 때인 1726년 고을 선비들이 공의 조카로서 정묘호란 시 의주부윤으로 순절한 강민공 이완을 추가 배향토록 청하여, 1727년부터 이순신의 조카 강민공 이완의 신위도 배향하게 되었다.

그리고 1728년에는 이인좌의 난에서 공의 5세손 충민공 이봉상이 순절하자 1731년에 역시 고을 선비들이 배향할 것을 주청하므로, 이듬해인 1732년에는 5세손 충민공 이봉상을 추가로 배향하였다.

현충사는 1868년(고종 5) 대원군의 서원철폐령으로 철폐되었다. 당시 대원군은 집정한 후 서원을 국가 재정의 낭비 요소이며 당쟁의 근원지라고 생각하였다. 그리하여 그는 1864년 서원의 특권인 국가재정의 보조, 면제, 원노院奴의 군역면제를 폐지하는 등 적극적인 철폐정책을 펴 철폐령 이전에 있었던 전국 306개의 향사鄕祠 중에서 세상에 사표가 될 만한 대표적 선현 한 분에 1개 사당씩 총 47개소만을 남겨놓았는데, 이순신을 배향한 사당으로는 통영의 충렬사만을 남겨두었다.

그래서 현충사도 1868년 철폐되어 사당을 허물고 위패는 매몰되어 향화가 끊기는 시기가 계속되었다. 그러던 중 서구 제국주의 국가와 함께 식민지 경영에 나섰던 일본 세력이 밀려들었다. 이에 당시 지식계급이었던 유림들의 민족적 자각이 일어나 배일정신이 고개를 들게 되었다.

아산 지역에서도 을사늑약 직후인 1906년 2월 일제의 주권침탈에 항거, 대일 민족의식을 표현하기 위하여 왜적을 물리친 이순신을 배향하던 현충사의 옛터에 유허비를 건립함으로써 극일정신을 고취했다.

20세기 초 제국주의 일본의 침략으로 나라가 다시 존망의 위기에 놓였을 때, 아산의 이순신 종가는 가세가 기울어 이순신의 묘소 임야와 위토마저 은행에 저당 잡히고 경매로 일본인의 손에 넘어가게 되었다. 이 소식이 1931년 5월 14일 동아일보에 '민족적 수치'라는 제목의 사설로 보도되면서 뜻있는 인사들의 성금이 동아일보로 답지하였으며, 더불어 이충무공유적보존회가 조직되었다. 유적 보존회는 빚을 갚고 남은 돈으로 현충사를 중건하기로 하였다.

그리하여 종가에서 가까운 지금의 본전 바로 아래에 정면 3칸, 측면 2칸의 맞배지붕 형식의 목조 기와집을 지어 올리고 그때까지 종손이 보관해오던 숙종의 사액 현판을 다시 달았다. 1932년 6월 5일 전국 각지에서 온 3만여 명의 군중이 모인 가운데, 현충사 낙성식과 청전 이상범 화백이 그린 영정 봉안식이 열렸다.

그런데 이때부터는 강민공 이완과 충민공 이봉상을 제외하고 충무공 이순신만을 배향하게 되었는데 종가를 중심으로 한 이순신 문중에서 사당을 관리하였으며, 매년 공의 탄신일인 음력 3월 8일에 탄신 기념 다례를 행하였다.

현충사의 이순신에 대한 탄신기념제전은 4월 28일

로 하여 아산교육청, 아산시, 충청남도 등의 주관으로 계속하여 왔는데 1961년에 5·16이 일어나고 박정희 정부가 등장하면서 현충사에도 커다란 변화가 일어나게 되었다.

1961년 군사정변으로 정권을 잡은 박정희 당시 국가재건최고회의 의장은 1962년 3월 현충사 경내 면적을 1,345평에서 5,359평으로 4배 가량 넓히고 내삼문 안에 유물관을 건립하여 이순신의 유물을 일반에 공개하도록 하였다. 그리고 그해 4월 28일 국가원수로는 처음으로 충무공탄신기념제전에 참석하여 이후 충무공 기념사업과 현충사 정비 사업을 직접 주도하여 나갔다. 이때부터 현충사와 충무공탄신기념제전을 국가차원에서 관리 주관하게 되었다.

1966년 박정희 대통령의 지시로 현충사 성역화사업이 시행되었다. 이에 따라 이순신 사당을 신축하게 되었으며, 주변 경관도 조성하게 되었다. 그 후 1966, 1967년의 1·2차 사당 공사 준공식과 탄신 기념 행사를 1967년 4월 28일 대통령이 참가한 가운데 거행하였다. 이때 세워진 본전은 우리나라 최초의 순 한국식 콘크리트 건물로서 내부에 영정을 모신 닫집은 조윤제의 작품으로 7,000여 개의 나무 조각을 끼워 맞춘 것으로 못을 하나도 사용하지 않은 것이 특징이다. 본전이 구본전의 위쪽에 세워지자 한동안 구본전은 참배객들이 참배할 때 절을 하는 배전拜殿으로 사용하다가 1968년 9월 유물관 옆으로 이건하게 된다. 당시 탄신일을 계기로 여러 가지 문화행사를 병행하였는데, 아산에서 탄신을 경축하는 지방문화행사를 주관하다가 1982년부터는 온양문화재위원회가 발족되어 관주도의 행사에서 주민 주도의 행사로 자리잡게 된다.

이후 성역화사업이 계속 진행된 가운데 1974년 4월 28일 경내·외 종합 조경공사가 모두 준공되고 성역화사업이 완성되었다. 요컨대 현충사 성역화사업의 결과 본전과 유물전시관이 다시 크게 지어졌으며, 이 일대는 사적 으로 지정되었다.

○ 현충사 본전

현충사 본전

이순신의 영정을 모신 현충사 사당의 본전은 매년 4월 28일 충무공탄신 다례제를 올리는 곳이다. 현충사 성역화사업의 일환으로 1967년 5월에 본래의 사당 위편에 콘크리트로 정면 5칸, 측면 3칸의 팔작지붕 형식의 한옥 모양으로 지은 것이다. 이 건물을 마루와 문짝, 내부의 닫집을 빼고는 모두 콘크리트로 만든 최초의 한옥이다. 이 본전의 건축 이후 새로 건립되는 많은 사당, 기념관, 교육 시설, 관공서 등에서 기둥과 공포 등 주요 부재를 콘크리트로 하고 지붕은 기와로 얹은 한옥 양식이 도입되었다.

본전 내부에는 월전 장우성 화백이 그린 표준 영정이 봉안되어 있다. 이 영정의 봉안 과정을 살펴보자. 1949년 이은상의 주도로 조직된 이충무공기념사업회는 해방정국의 혼란 속에서 민족의 정신적 도표導標를 우리 국사상의 정신적 지보인 충무공 이순신으로부터 찾고자 하였다. 그 사업의 일환으로 1953년 10월 7일 현충사에서 장우성이 그린 새 영정의 봉안식이 거행되었다. 기념사업회에서는 한때 이당 김은호 화백의 영정을 봉안하기도 했으나 1953년 초 기념사업회장이던 조병옥의 부탁을 받은 월전 장우성이 현충사에 새로 봉안할 영정 제작에 착수하였는데, 서애 류성룡의 '담력을 지닌 수양하는 선비의 모습과 같다'는 『징비록』의 글을 참조하고 육당 최남선의 조언을 받아 14세 종손 이응렬 씨의 모습을 참고하여 그렸다 한다.

이 영정은 1973년 10월에 표준 영정으로 지정하게 된다. 본전 내벽에는 이순신의 일생에서 중요한 열 개의 장면을 담은 십경도가 그려져 있다.

○ 구본전(舊本殿)

현충사 구본전

　　현충사 구본전은 1932년 중건되었을 당시의 현충사 사당 본전이다. 1967년 새 본전이 만들어지면서 잠깐 배전 拜殿 으로 사용하다가 이듬해인 1968년 4월 지금의 위치로 다시 옮겨지었다. 정면 3칸, 측면 2칸의 맞배지붕의 목조 한옥집이다. '顯忠祠' 현판은 숙종이 내려준 사액 현판으로 대원군의 서원철폐령으로 원래의 현충사가 없어질 때 이순신 집안의 종손이 간직하여 오던 것을 중건 당시 다시 단 것이다. 정면의 네 기둥에는 위당 정인보 선생이 이순신의 위업을 기려 쓴 글이 주련으로 걸려 있다.

바다와 산에 맹세하니 강상을 후세에 이르도록 세웠고　一誓海山立綱常於百代

천지를 구해냈으되 당대에 내세워 자랑함이 없었네　再造乾坤無伐矜於當時

인을 이루고 의를 취한 지극한 충성은 단군 이래 빛나고　成仁取義精忠光於檀聖

하늘을 깁고 해를 씻어낸 큰 공덕은 온 나라를 덮었네   補天浴日功德盖於槿邦

○ 이순신의 옛집과 활터

이순신이 혼인하여 장인으로부터 물려받아 살고 그 후손들이 대대로 살아왔던 곳이다. 1969년 성역화 당시 현충사 경내가 지금의 모습으로 넓혀지면서 이곳에 살던 이순신 종손은 바깥으로 이주를 하고 일반에 공개되었다. 그런데 성역화 당시에는 단순한 문화재의 복원이 아니라 '성역'이라는 새로운 공간을 창출하는 것이어서 본래의 모습과는 다르게 더 크고 웅장하게 지어져 예스러운 멋이 사라지게 되었다.

이순신 고택

집 뒤편에는 이순신의 처부모와 후손들의 묘소가 있으며 맨 뒤에는 전란 중 일본군과 싸우다 죽은 셋째 아들 면의 묘소가 자리하고 있다.

이순신의 셋째 아들 이면의 무덤

은행나무와 활터: 청소년들의 체험학습장으로 활용하고 있다

옛집 옆에 은행나무 두 그루가 있는데 이순신이 활을 쏘던 자리라고 전해져 오며 지금도 해마다 충무공탄신기념일에 맞추어 전국 궁도 대회가 열리고 있다. 한편 이곳 활터를 둘러싼 방화산 능선은 이순신이 무예를 닦으며 말을 탔던 곳이라 하여 치마장馳馬場이라 불린다.

○ 가묘(家廟)

가묘(家廟)

집 뒤편에 있는 가묘家廟에는 이순신의 신위가 모셔져 있으며 지금도 해마다 이순신의 기제사를 이곳에서 모시고 있다.

조선 후기에는 4대 봉사의 예가 보편화되었다. 4대 봉사란 부모, 조부모, 증조부모, 고조부모 등 4대조까지 돌아간 날에 맞추어 기제사를 지내는 것을 말한다. 4대까지 사당에 신위를 모시고 4대를 넘어가면 신위를 사당 밖으로 옮기고 이를 '천위'라 한다. 제사도 시제에 함께 모시게 된다.

그러나 왕의 장인이나 사위, 공신 등은 '불천지위'라 하여 4대가 지나도 신위를 사당에서 옮기지 않고 계속 기제사를 모신다. 이순신 역시 나라의 공신이 되었기 때문에 방 씨 부인과 함께 돌아가신 지 400여 년이 지난 오늘날까지 후손들이 옛집에 모여 해마다 음력 11월 19일 새벽에 제사를 모시고 있다.

○ 정려(旌閭)
정조가 하사한 이순신과 조카 완, 4세손 홍무, 5세손 봉상 등 네 분의 충신편액과 팔세손 제빈의 효자 편액이 걸려있다.

정려

이 정려는 과거에는 마을 입구에 서 있었으나, 성역화사업 당시 경내를 넓히고 조경을 하면서 지금과 같이 경내 연못 옆으로 자리하게 되었다. 또 원래 동남쪽을 바라보며 있었는데 참배객들의 편의를 위하여 서향으로 방향을 바꾸어 해체 복원하였다.

이순신의 집안에는 '5세 7충 2효'라고 하여 5세대에 걸쳐 일곱 명의 충신과 두 명의 효자가 나왔다. 이들은 이순신 자신을 비롯하여 셋째 아들 면, 조카 완, 서자 훈과 신, 4세손 홍무, 5세손 봉상 등이 충신, 7세손 은빈, 제빈이 효자로 올라 있다.

○ 충무공 이순신 기념관

충무공 이순신 기념관은 2005년 현충사 종합정비기본계획에 따라 2006년 착공해 2011년 4월 28일 개관하였다. 총사업비 135억 7,500만 원이 투입된 기념관은 대지면적 45,354제곱미터에 건축면적 2,522.41제곱미터, 연면적 3,104.33제곱미터으로 지하 1층, 지상 1층 철근콘크리트 구조이며, 주요 시설로는 기념관동, 홍보관동, 관리사무동을 개축하였다.

충무공 이순신 기념관 전경

건립 규모는 3개동으로 ①전시동 : 4개실, ②교육동 : 강당, 휴게공간, 거북선모형, ③관리동 : 사무실, 수장고 등으로 구성되어 있다.

(2)묘소 일원

※ 소재지 : 아산시 음봉면 삼거리(사적 제112호)

이순신 묘소 전경

1598년 11월 19일 노량해전에서 순국한 이순신의 유해는 고금도를 거쳐 그해 12월 중순경 아산 본가에 모셔졌다. 이후 3개월장을 치른 후 1599년 2월 11일 아산 금성산 자락에 안장되었다가, 15년 후인 1614년 현재의 어라산 중턱에 이장되어 모시면서 부인 상주 방 씨와 합장되었다. 묘역을 관리하고 제사 비용을 마련하기 위해 묘소 아래에 위토를 두었다. 일제강점기에 이 위토가 경매에 넘어갈 위기에 처하자 동아일보를 중심으로 전국적인 기금 모금 운동이 일어나 위토를 되찾았다. 이 묘역은 1959년 5월 22일 국가지정문화재 사적으로 지정되었으며, 1973년 7월 19일부터 이순신 종손의 동의를 얻어 지금은 문화재청 현충사관리소에서 묘역을 관리하고 있다.

그 후 1975년 3월부터 이순신 묘소에 대한 정화공사가 시작되어 왕릉에서만 볼 수 있는 곡담이 봉분 뒤에 설치되고 200여 평의 주차장이 마련되었으며, 이순신의 말을 묻었다는 애마지와 홍살문이 정비되고 7월 17일에는 관리동의 준공식을 갖고 직원을 배치하였다.

○ 김육의 이순신 신도비

이순신 묘소 입구에는 신도비 2기가 있다. 그 중 하나가 바로 김육 金堉의 이순신 신도비다. 신도비란 왕이나 고관이 죽었을 때 무덤 앞이나 무덤으로 가는 길목에 그의 사적, 즉 생애와 업적을 기리는 내용을 새겨 넣은 비로 조선시대에는 2품 이상의 관료가 죽었을 때에만 세워졌다.

김육의 이순신 신도비

묘소 입구에 있는 것은 이순신의 외손자 홍우기가 효종 때 영의정 김육金堉에게 청하여 비문을 지어 만든 것으로 비석에 글 새기는 것은 1660년　현종 1에 완성되었는데, 후손들이 힘이 없어 34년만인 1693년　숙종 19에 비로소 세웠다고 적고 있다. 이 비의 정확한 비명頭篆은 '贈左議政行統制使諡忠武李公神道碑

사 ~~서충무이공 신도비~~'이다. 형상은 이수귀부螭首龜趺이며, 높이 312센티미터에 달하고, 1693년肅宗 19 4월에 건립되었다. 비문 첫머리에 이 비를 세우게 된 경위가 나온다. 김육은 "임진왜란 때 도원수 권율과 통제사 이순신 두 분이 아니었다면 나라를 구하지 못했을 것"인데 "도원수의 무덤에는 큰 비석이 있지만 통제사의 무덤에는 아직도 사적을 기록한 비문이 없어 여러 선비들이 유감으로 여긴다."고 하였다.

○ 정조 어제(御製) 신도비

정조 어제(御製) 신도비

봉분 동남쪽 아래에 있는 신도비는 정조가 친히 글을 내려서 만든 것이다. 정조는 역대 어느 임금보다도 이순신을 추모하는 정이 깊었던 군주로 이 비문에서도 "우리 장하신 선조께서 나라를 다시 일으킨 공로를 세우심에 기초가 된 것은 오직 충무 한 분의 힘 바로 그것에 의함이라 이제 충무공에게 특별히 비명을 짓지 않고 누구 비명을 쓴다 하랴." 하고 그 마음을 표현하고 있다.

이 비는 정조가 이순신에게 최고직인 영의정을 증직한 1년 후인 1794년 10월에 완성되었다. 그래서 '어제御製'라고 하여 임금이 친히 글을 지어 내린 것을 표시하고 그 아래에 조선왕조에서 내린 최후 최고 직위 53자를 모두 적고 있다. 정확한 비명頭篆 두전은 '상충정무지비尙忠旌武之碑'이다. 이것은 충의를 드높이고 무용을 드러내는 의미이다. 이 비를 만들 때 이순신의 후손을 불러 공역을 감독하게 하였고, 비가 완성된 후에는 탁본을 떠서 4대 사고와 관각(閣)장각, 태학성균관에 나누어 보관하게 하였다.

김육이 쓴 신도비는 거북 모양의 받침돌 위에 비석 머리에다 용을 조각한 머릿돌을 얹은 고려 이전 시대 양식을 보이고 있는 데 반해, 정조 어제 신도비는 상석 받침에 기와지붕을 얹고 있는 전형적인 조선시대 비석 양식을 따르고 있다.

○ 이충무공 묘비(1) 음기(陰記)

이충무공 묘비

위 이충무공 묘비(1)는 이순신의 5세손 충민공 이봉상이 이이명李頤命에게 부탁하여 1720년(숙종 46년)에 지었으나, 1722년(경종 2)신임사화辛壬士禍로 이이명이 죽고, 1725년 영조가 즉위하고서야 복작復爵 비슬을 다시 줌되었다. 그러나 글을 부탁하였던 이봉상이 1728년 이인좌의 난으로 죽어서 묘비는 1776년(영조 52)에야 세워지게 되었다. 다음은 이 묘비의 뒷면 음기에 새겨진 것을 번역한 것이다.

통제사를 지낸 이봉상 군이 내게 말하되 "우리 선조 충무공 묘소는 아산고을 어라산 언덕 남향한 자리에 계신데 묘소 앞에 있는 옛 비석이 짧고 거칠므로 이제 다른 돌로 고치려는데 그대에게서 한마디 말을 받아 새기려 한다."라고 한다.

나는 말하되, "공의 충성은 해와 달을 꿰었고 이름은 천하에 들렸으며 저 해상에서 활약하여 나라를 일으킨 이들은 역사에 적혔고 깃발에 썼으며 또 전쟁하던 곳곳에 사당을 짓고 비를 세워 사당에선 제사를 지내고 산소 앞에는 비문을 새겨 공로를 밝히고 덕을 빛내어 이미 세상이 다 아는 일이거늘 구태여 또 다시 글을 써서 무엇하랴. 더욱이 우리나라 사람으로는 비록 부녀자와 아이까지라도 모두 다 임진왜란 때 이통제사가 충신인 줄 알고 있으매 설사 옛 비석이 마침내 넘어지고 삭아 없어진다 할지라도 나무꾼이나 소치는 아이들이 무덤 앞에서는 풀 한 포기를 차마 건드리지 못할 것이니 그러므로 비석이 있건 없건 걱정할 것이 없거늘 구태여 무엇 때문에 고치려하는가." 하였더니 이군이 대답하되, "옛날 두원개*는 자기 공명을 위해서도 오히려 비문을 새겨 강물 속에까지 넣어 두었다 하거늘, 이제 후손들이 지금 있는 비석을 오래 가지 못하게 할 줄 알면서 어찌 길이 전할 방

---

* 두원개杜元凱

진나라 때 사람으로 이름은 흠이다. 일찍 공명을 좋아하여 자기 공적을 두 개의 비석에 새긴 후 어떻게 세상이 뒤집힐 지 모른다고 하고서 하나는 만산 밑 강물 속에 넣어 두고, 또 하나는 현산 꼭대기에 놓아두어 천지가 어느 쪽으로 변하든지 그 비석이 나타날 수 있도록 한 일이 있었다.

법을 도모하지 않을까" 하기로 나는 이에 그 말을 새 비석에 기록하기로 하고 다시 이군에게 말하되, "양강** 이 아직 육지가 되지 않았는데 두 씨가 만일 다시 그 선조의 한강에 세운 공로를 또 세웠던들 이름이 더욱 더 오래갈 것이니 어찌 물에 넣어둔 비석이 나타나기를 기다릴 것이 있으랴. 그러므로 길이 전하는 계획이 여기에 있는 것이 아니겠는가. 내가 일찍부터 말해온 바로는 공의 큰 공이야말로 실상 천하를 건진 것이요, 우리나라 만에 그친 것이 아니니. 왜냐하면 왜선이 바다를 덮어 서쪽으로 들어올 때 한산과 명량의 승첩이 없었던들, 돛대에 바람 한번 태워 중원 땅을 두들겨 북경이 계엄 속에 들었던 것이니, 신종황제가 아무리 천하의 군병을 움직여 우리나라를 구원하려 했던들 무슨 여유가 있었으랴, 알지 못할게라. 그 당시 중국 장수와 대신들이 이 점을 보고 사기에 적어 뒷세상에 전한 바 있는지, 일찍 명나라 문헌은 이미 찾을 곳이 없으매 이제 다시금 그 일을 탄식하며 이 글을 써서 천하 후세의 공정한 평을 기다리는 것이라" 하였다. (1720년 숙종 46년)

皇明萬曆壬辰後一百二十九年庚子

황명만력 임진후 일백이십구년 경자

大匡輔國崇祿大夫 行 判中樞府事 李頤命 謹識

대광보국숭록대부 행 판중추부사 이이명 근서

○ 이순신 분묘(墳墓)

이순신 묘는 상주 방 씨와의 합장묘로서 조선시대 고관묘의 전형적인 모습을 갖추고 있다. 묘역은 33,920평이다. 무덤 주위를 돌로 쌓았는데 돌 난간에 전자篆字로 '有明水軍都督朝鮮國贈領議政德豊府院君行三道統制使謚忠武德水李公之墓

** 양강襄江
지금의 중국 호북성 양양현 현산(혹은 만산 현수산) 밑으로 흐르는 강이니 두원개가 비석을 넣어 둔 강이다.

貞敬夫人尙州方氏祔左'의 43자를 왼쪽으로 읽어 나가게 둘러 새겼다. 무덤의 주위는 18미터 20센티미터요, 봉분 높이는 2미터 15센티미터이다.

또한 표석에는 좌의정의 증직을 새겼는데 무덤 주위에 돌난간에는 영의정의 증직을 새긴 것을 보면 무덤의 돌난간은 정조 때, 영의정의 증직을 받은 뒤에 수보했던 것이 분명하다.

이순신 분묘

당시 분묘는 시체를 매장하는 풍습에 따라 그 양상을 달리하는데 대체적으로 풍수지리설에 의거한다. 즉 산을 뒤로하고 남쪽을 향하며 산의 줄기는 좌로 청룡, 우로 백호를 이루고 앞에는 물이 흐르면서, 주산의 약간 높은 부위에 위치하고 앞은 단상을 이루면서 주위에 호석을 두르고 있는 것이 일반적 형태다. 사대부의 무덤 주위에는 한 쌍의 망주望柱를 세우고 석인石人을 배치하였으며, 분묘 앞에는 상석과 묘표를 두고 신도비 또는 묘비를 세우는 것이 보통이다. 합장의 경우 남편은 왼쪽에 아내는 오른쪽에 묻었다男左女右. 묘소란 분묘의 소재지를 말하는 것으로 족보에 그 좌향과 합장 여부 등을 기록한다.

망주석　　곡창　　혼유석, 상석, 향료석　　　　　양주석

문인석　　석양　　석축　　동자상　　장명등　　동자상　　묘비　　석양　　문인석

묘소 앞 석물들

흔히 분묘 앞에는 여러가지 석물이 있는데 그 종류로는 상석床石, 혼유석魂遊石, 북석, 향로석香爐石, 망주석望柱石, 문관석文官石, 동자석童子石, 석수石獸 등이 있으며, 이순신 묘소의 석물에는 무관석이 없고 석수로는 석양石羊이 있다.

○ 이충무공 묘비(2)

1998년 11월 이순신 순국 400주년을 맞아 이순신 묘역에서 덕수 이 씨 충무공파 종회 주관으로 충무공 묘비 제막식이 있었는데, 강영훈 전 총리, 아산 시내 각급 기관장들과 이종남 전 법무부장관을 비롯한 후손들의 참석 아래 제막되었다.

새로운 묘비를 제막하게 된 것은 기존의 묘비가 1776년 영조 때 세워져 비문에 공의 증직이 좌의정으로 되어 있어 영의정으로 된 묘비를 추모사업의 일환으로 세우게 된 것이다. 당초에는 국비의 지원 아래 봉분 바로 앞에 건립하려 하였으나 문화재위원회의 불가 결정으로 묘역 진입로 입구에 후손들의 정성만으로 세우게 된 것이다.

현대시기 건립된 이충무공 묘비

비문은 강영훈 전 총리가 지었으며 글씨는 후손 이종원 씨에 의해 써졌는데, 비는 가첨석과 농대석에 무궁화 문양을 넣고 6자 길이의 오석 비신을 포함하여 총 9자 높이로 기존 묘비보다 약간 큰 비석이다.

(3) 현충사 유허비

※ 소재지 : 아산시 염치읍 백암리 서원동

숙종 대에 세워진 현충사는 현 위치가 아니다. 당시의 위치를 알려 주는 흔적이 바로 현충사 유허비이다. 현충사 유허비는 현 충무교육원 뒷산 기슭에 있는데 그동안 유래를 몰랐다가, 1997년 맹인식 씨가 증조부의 문집을 발간하면서 문집 내용 중에 현충사 유허비에 관한 내용이 있어서 그 유래가 밝혀지게 되었다. 1906년 2월 건립한 유허비의 제문을 지은 사람은 아산 배방의 자화 맹인원孟仁遠선생으로 고불 맹사성의 후손으로 이이-김장생-송시열 등의 우리나라 성리학 기호학파의 정통 계보를 이은 성리학자이다.

현충사 유허비

이로써 구 현충사의 철폐 시기가 종전에 알려진 1865년이 아니라 1868년이고 구 현충사는 유허비가 서 있는 바로 앞쪽에 위치하였으며, 유허비의 건립 연대가 1906년 2월이라는 점과 그리고 지역 유림들이 일제에 항거하여 세우게 되었다는 점 등이 밝혀지게 되었다.

현재 충무교육원 뒷산 기슭 현충사 유허비 곁에는 팔각 돌기둥 및 주춧돌이 남아 있어 구 현충사의 규모를 짐작하게 하고 있다. 한편 1974년 4월 28일을 기해 현충사 주차장 서쪽에 공의 충효정신을 교육시키기 위해 충청남도교육위원회 산하의 충무수련원이 개원되었는데, 주로 일반 및 학생단체의 합숙 형태로 교육이 이루어졌다. 현재는 충무교육원으로 개칭하여 학생 중심의 교육이 이루어지고 있다.

(4) 이충무공 사적비(李忠武公史蹟碑)

※ 소재지 : 아산시 온양대로 1496

이충무공 사적비

충무공 이순신의 업적을 후세에 기리기 위해 세운 비로 온양온천역 앞에 있다. 1951년 이충무공기념사업추진위원회가 조직되어 국민의 성금으로 이 비를 세웠다. 비문은 정인보가 짓고 김충현이 썼으며, 현판은 이시영 전 부통령이 썼다. 비문은 이순신이 임진왜란 때 전장에서 왜적과 싸운 내용을 담고 있다.

비신은 오석烏石으로 높이가 215센티미터, 폭이 80센티미터, 두께가 81센티미터이며 비석의 기단은 거북 모양의 화강암으로 되어 있다. 이 비는 1984년 5월 17일 충청남도 문화재자료 제230호로 지정되어 오늘에 이르고 있다. 비각은 정면 1칸, 측면 1칸의 한식 팔작지붕을 한 건물이며 1977년에 도장 공사를 하고, 다시 1982년에 도비와 군비를 투입하여 완전해체 후 복원한 것이다.

(5) 게바위(해암, 蟹岩)

※ 소재지 : 아산시 인주면 해암리 195-4

게바위는 백의종군 중 모친의 유해를 맞이한 장소이다. 1597년, 4월 1일 백의종군하라는 명을 받고 출옥한 이순신 장군을 만나기 위해 아산으로 오던 어머니가 배 안에서 숨진 후 이곳에 도착했을 때, 이순신이 어머니의 시신을 끌어안고 눈물을 흘렸다는 곳이다.

당시의 이순신 일기에는 이렇게 적혀 있다. "정유년 4월 13일(에유), 일찍 아침을 먹고 어머니를 마중하려고 바닷가로 가는 길에...조금 있다가 종 순화가 배에서 와서 어머니의 부고를 전한다. 뛰쳐나가 뛰며 둥그니 하늘의 해조차 캄캄하다. 곧 해암으로 달려가니 배가 벌써 와 있었다. 길에서 바라보는 가슴이 미어지는 슬픔이야 이루다 어찌 적으랴"

이 게바위는 원래 곡교천변에 있던 포구였으나 지금은 간척사업으로 인해 농토 안으로 깊숙하게 들어와 있다. 게바위 기념비는 당시 아산군에서 200만 원의 예산을 들여 1986년 11월 9일 건립한 것이다. 위치는 충청남도 아산시 인주면 해암리 해암마을이며, 비의 규모는 70×100×40센티미터이다.

게바위(해암)

(6) 이순신 동상과 시조비

※소재지 : 아산시 방축동 신정호관광단지 내

신정호관광단지의 이순신 동상

아산시 신정호국민관광지에 우뚝 서 있는 이순신 동상은 이충무공서거 400주년을 맞이하여   성웅이순신장군동상건립추진위원회에서 1999년 4월 28일 건립하였다. 이 동상의 조각은 최승호가 담당했으며, 높이는 이순신의 탄생년을 상징하는 15.45미터이다.

동상을 바라보고 좌측 편에는 이충무공 시조비李忠武公時調碑가 건립되어 있다. 이것 역시 이순신 순국 400주년을 기념하여 한국예술문화단체 총연합회 아산지부 회원들이 1998년 10월 10일 건립하였다. 이 비에 음각 된 시조는 '한산도가'인데 한글본을 새겼다.

이충무공 시조비

---

* 음각
  재료의 면에 그림이나 문자를 오목하게 파서 나타내는 판화법.

(7) 위충암

※ 소재지 : 아산시 음봉면 산정리

앞에서 바라본 위충암

　위충암은 이순신 장례 시 노제를 지낸 장소에 위치한 바위를 말한다. 1599년 2월 11일 아침 발인을 하고 상여가 고택에서 약 9킬로미터 떨어진 장지금성산로 향했다. 금성산(금성산은 현재 금산을 지칭하고 있음) 어귀에 위충암衛忠巖이란 조그만 자연석의 비석이 있다. 전해 오는 말로는 이곳에서 노제를 지내고 조문객들을 맞이했다고 한다. 후일 아산 지역의 선비들이 그의 죽음을 애통해 하며 이곳에 작은 비석을 세우고 위충암이라는 글씨를 새겼다고 한다.

3 서산 : 충청도병마절도사의 군관

이순신이 무과급제 후 세 번째로 부임한 곳이 충청도병마절도사의 군관이었다. 이순신은 35세이던 1579년 겨울에 훈련원장무관 직으로부터 충청도병마절도사의 군관으로 보직되어 충청도 해미에서 근무하게 된다.

(1) 해미읍성(사적 제116호)

※소재지 : 충남 서산시 해미면 읍내리

해미海美라는 지명은 조선시대부터 부르기 시작하였다. 1407년 에 오늘날 당진 서부 지역인 여미현餘美縣과 해미 지역의 옛 명칭인 정해현貞海縣을 합치면서, 여미와 정해에서 한 글자씩 따서 '해미'라 이름 짓고, 1413년 에 해미현 관아를 두었다.

일제강점기의 해미읍성(진남문)

　이후 해미에는 해안으로부터 침입하는 왜구를 효율적으로 대처할 수 있는 지리적 여건이 고려되어 충청병영이 들어오게 되었다. 해미로 옮겨지기 전까지 충청병영은 충청도의 덕산, 즉 오늘날의 예산군 덕산면 지역에 있었다. 해미로 옮긴 것은 왜구의 침입 때문이었는데, 덕산은 해안으로부터 멀리 떨어져 있어 왜구의 침입에 신속한 대응과 방어가 어려워 좀 더 해변이 가까운 곳으로 병영을 옮겨야 한다는 논의가 꾸준히 있었다. 결국 1417년부터 병영 신축을 추진하고 1418년(태종 18)에 충청병영이 해미에 들어서게 되었다. 이후 1491년(성종 22)에 성곽 축조가 이루어졌다.

　충청병영성에는 충청도 군사를 지휘하는 역할에 걸맞게 부임해 온 관리와 하급관리들, 병사, 노비 등 수백 명이 생활하고 있었다. 병마절도사가 총 책임자였고, 그 아래에 군사업무를 담당하고 때로는 병마절도사를 대신하여 지방군의 훈련과 무기를 정비하는 병마우후가 1명 있었다. 또 진상품으로 들어오는 약재를 감독하는 관원으로 심약(審藥)이 있었으며, 5명의 군관과 375명의 유방병을 두었다. 그밖에 병영성

내에서 일어나는 잡일을 처리하며 관원을 따르는 수십 명의 나장, 영문을 지키고 영내 질서를 유지하는 차비군, 무기를 제작하고 수리하는 기술자인 공장匠들이 있었으며, 수백 명의 노비가 상주하였다.

이순신은 여기에 편성된 5명의 군관 중 1명으로 근무한 것이다. 이순신은 충청병영성 안에 거주하였는데 조카 이분이 쓴 『행록』에 의하면 "그가 거처하는 방에는 다른 아무것도 없고 다만 옷과 이불뿐이었으며, 다른 관아에 공무를 보러 가게 되면 반드시 남은 양식을 주관자에게 돌려주니 병사가 듣고 경의를 표하였다."고 되어 있다. 아울러 이 기록에는 하나의 일화가 전해지는데, "어느 날 저녁 병사가 술에 취해서 이순신의 손을 끌고 어느 군관의 방으로 가자했는데, 그 사람은 병사와 평소부터 친한 이로서 군관이 되어 와 있는 사람이었다. 이순신은 대장으로서 군관을 사사로이 본다는 것은 마땅하지 않다고 생각하여, 짐짓 취한 척 병사의 손을 붙잡고 '사또 어디로 가자 합니까.' 하고 말하자 병사도 깨닫고 주저앉으며 '내가 취했군 취했군...' 하였다."라고 전한다. 이순신의 청렴성을 살필 수 있는 대목이다.

오늘날 복원된 해미읍성

한편 이순신이 근무한 충청병영은 왜란과 호란을 겪고 난 뒤인 1651년(효종 2)에 청주로 옮겨지게 된다. 양대 전쟁을 겪으면서 해안 방어에 중점을 두었던 기존의 국방정책에 문제가 있음을 인식하여, 교통로를 중심으로 한 내륙 방어가 더 중시됨으로써 병영을 내륙인 청주로 옮기게 되었다. 대신 이곳엔 해미영이 설치되었다. 해미영은 충청도의 5개 영 가운데 하나로 호서 좌영左營이라 불렀다. 전영前營은 홍주, 우영右營은 공주, 후영後營은 충주, 그리고 중영中營은 청주가 되었다. 좌영의 책임자인 영장이 해미현감을 겸직하였다. 이러한 영장제는 임진왜란 중에 도입된 '기효신서법紀效新書法'에 따라 시작된 제도인데, 후금과의 전쟁을 대비하기 위해 인조 대와 효종 대에 더욱 강화되었다. 이때에 이르러 해미현의 관아는 현재의 해미읍성인 호서좌영성 안으로 들어오게 되었다. 이후 해미현은 1895년(고종 32) 해미군이 되었다가 1914년 행정구역 개편 때 서산군에 합쳐져 오늘에 이르고 있다.

보령 : 충청수사영

(1) 충청수영성지(사적 제501호)

  ※ 소재지 : 충남 보령시 오천면 소성리 931번지 일대

서문에서 바라 본 충청수영성

충청수영은 이순신과 직접적인 관련은 없다. 이순신이 충청수영을 방문한 기록도 보이지 않는다. 다만 이순신이 1593년 8월부터 삼도수군통제사로서 충청수군을 휘하에 두고, 수군을 운용했기에 충청수군에 관한 내용도 소개할 필요가 있다고 보고 충청수영에 대해 언급하고자 한다. 수영은 왜구 방어와 조세선의 보호를 목적으로 설치했으며, 고려 말과 조선 초에 걸쳐 왜구의 침입이 잦았던 충청 지역에도 수영이 필요하게 되었다. 그 결과 충청 연안의 중앙에 위치하고 가장 좋은 입지 조건인 보령현의 회이포(현 오천리 소성리)에 수영이 설치되었다.

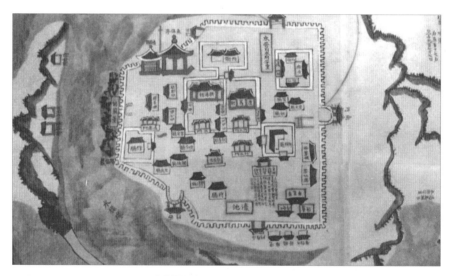

고지도(1872년 지방지도, 규장각소장본)의 충청수영

현재의 충청수영성지에 수영이 설치된 것은 1447년(세종 29)이다. 지금의 영보정터에 영보정이 건립된 것은 1504년(연산군 10)이며, 1509년(중종 4)에는 충청수사 이장생李長生에 의해 성곽이 조성되었다. 현재 충청수영성지 내부에는 몇 가지 시설물이 복원되어 있다. 전체 면적은 125,326제곱미터 규모이다.

○ 영보정(永保亭)

충청수영성 내에는 조선시대 당시 많은 전각들이 있었다. 대부분 군사 시설이나 관청 용도로 쓰이는 건축물들이었지만 수영성의 아름다운 경치를 즐기기 위한 누각도 있었는데, 영보정이 대표적이다. 영보정은 임진왜란 때 이곳에 들어온 명나라 수군장수들이 '중국 최고의 절승인 악양루보다 훨씬 뛰어나다'고 칭찬한 일이 있었다. 다산 정약용도 '세상에서 호수·바위·정자·누각의 뛰어난 경치를 논하는 사람들은 반드시 영보정을 으뜸으로 꼽는다' 하였다. 조선 후기 실학자 이긍익은 저서 『연려실기술燃藜室記述』에서 '호서지방 제일의 명승지'라고 기록하기도 하였다.

이 영보정은 1504년 충청수사 함천군 이량이 축조하였고, 연헌 이의무가 영보정기를 지었으며 1574년 수사 이흔이 다시 수리를 하였으며, 1640년경 수사 민진익과 그의 아들 민성이 대를 이어 수사가 되어 또 수리를 하는 등 약 70~80년 간격으로 수리를 하면서 유지되었다.

복원된 영보정

○ 계금청덕비(季金淸德碑)

유격장군 계금의 청덕비는 충청남도 유형문화재 159호이다. 충청수영 내에 위치하고 있는 비이다. 비의 정식 명칭은 '흠차통령절직수병유격장군계공청덕비欽差統領浙直水兵遊擊將軍季公淸德碑'이다. 풀이하면 황제의 명령으로 파견되어 절강과 직예 지역 수병을 통솔하여 거느리고 온 유격장군 계금의 덕을 칭송하는 비를 말한다.

계금청덕비

이 비는 1598년 여름에 세워진 비인데, 계금이 거느리고 온 병력은 모두 3,200명으로서 1598년에 참전한 명 수군의 본대에 앞서서 1597년(정유년) 10월에 조선에 도착하여 활동하였다. 비문의 주요 내용은 계금이 조선에 주둔해 있으면서, 전쟁의 와중에도 부하들을 잘 다스리고 고을 사람들에게 덕을 베풀었음을 기록하고 있다. 이 비의 글은 봉정대부 호조랑 겸 승문원교리 안대진安大進, 1561~1604이 지었으며, 글씨는 통덕랑 전판관 박사제朴思齊, 1555~?가 썼다.

비문에서도 밝히고 있듯이 계금의 자는 장경長庚, 별호는 용강龍岡으로 절강성 태

주부台州府 송문위松門衛 사람이다. 1568년 무과에 급제하여 진사가 되고 절강·광동·산동의 참장을 역임하고 절강과 직예수병을 통솔하여 왔다.

처음 세운 뒤 1689년（숙종 15） 충청수사 조동진이 비를 영관사 남쪽 아래에서 관덕루 아래로 옮겼음을 알 수 있다. 현재의 위치는 운주헌 뒤쪽에 해당되므로 다시 옮겨졌음을 알 수 있다. 규모는 높이 1.04미터, 폭 0.48미터, 두께 0.143미터이다.

3부

전라북도
: 백성을 다스리고
수군재건을 구상하다

전라북도와 이순신

전라북도와 이순신의 인연은 크게 4시기로 살펴볼 수 있다. 첫 번째는 그의 나이 45세되던 1589년 12월에 정읍현감으로 근무한 사실이다. 두 번째는 임진왜란 중인 1596년 명량산 에 있었던 전라도 지역을 순시할 때 전라북도 지역 일부를 방문한 사실이며, 세 번째는 1597년에 백의종군 중 전라북도를 따라 내려온 적이 있으며, 네 번째는 역시 정유년 명량해전 직후 서해안을 따라 북상하면서 전라북도 해안에 정박하거나 섬 지역에 주둔한 사실이다. 특히 군산의 선유도에 정박하면서 수군 운용에 대한 구상을 한 사실이다. 여기서는 정읍과 군산 지역의 유적에 대해 소개하고자 한다.

정읍 : 현감으로 백성을 다스리다

이순신이 정읍현감에 부임한 것은 1589년 12월이었다. 정읍현감에 보직됨으로써 이순신은 처음으로 군사진의 지휘관이 아닌 지방행정 조직의 수장이 되자 그동안 떨어져 살았던 가족들을 모두 데리고 정읍에서 함께 살았다. 이때 이순신의 두 형이 작고함으로써, 많은 조카들과 자신의 아들들을 포함하여 무려 40여 명이나 되는 대식구를 부양하게 됨으로써 남솔(濫率)이라는 비판을 받기도 했다. 이에 이순신은 "내가 식구를 많이 데리고 온 죄를 지을지언정 이 의지할 데 없는 것들을 차마 버리지는 못하겠다."라고 하면서 자신의 아들들보다 조카들을 더 귀중히 여겼다.

정읍현 관아(1872년 지방지도)

이순신은 정읍현감에 부임하자마자 인근 태인현감을 겸직하였다. 태인현은 오랫동안 원이 없어서 공문 서류가 쌓여 있었는데, 이순신은 척척 판결을 내려 신속하게 처리를 하니 그곳 백성들이 둘러서서 듣고, 또 옆에서 보다가 탄복하는 사람이 많았다. 그리하여 어사에게 청하여 이순신을 태인현감으로 보직해 주도록 원하는 사람도 있을 정도였다. 그만큼 이순신은 정읍현감과 태인현감직을 수행하면서 백성들을 잘 다스렸다는 의미이다. 이것은 결국 이순신이 임진왜란 시기 백성을 먼저 생각하는 민본 이념을 형성하는 계기가 되었을 것이다.

(1) 충렬사

※ 소재지 : 정읍시 수성동 615-1

정읍 충렬사는 전라북도 정읍시 수성동 성황산 서쪽 기슭에 있는 사당이며, 충무공 이순신의 영정과 위패를 봉안하고 있다.

정읍현감으로 부임하였던 이순신을 추모하기 위하여 8·15광복 이후 창건기성회를 조직하였고, 전라북도 내의 학생들 및 각계의 성금을 모아 내장산에서 동량을 베어다가 현재의 위치에 건립하였다. 1949년 8월에 공사를 시작하였으나 6·25전쟁으로 중단되었으며 14년 뒤인 1963년 4월에 준공하였다.

정읍 충렬사 전경

경내에는 사당인 충렬사와 광의당, 1985년에 요천 장연풍에 의해 외삼문과 선양루가 세워져 있으며, 해마다 4월 28일에 이순신의 덕과 충의정신을 기리는 제사를 지낸다.

충렬사 내 이순신 석상

(2) 유애사(遺愛祠, 기념물 제18호)

※소재지 : 정읍시 진산동 348-2

정읍 유애사는 1689년(숙종 15) 당시 정읍 지방 유림儒林이 1589년(선조 22) 12월에 정읍현감으로 부임했던 이순신의 유덕遺德을 추모하여 이 사우를 건립하였다. 그리고 '유애재민遺愛在民'에서 '유애遺愛'를 따와 유애사遺愛祠라 이름하였으며 영조 때 사액되었다.

정읍 유애사 전경

그 뒤 진산동으로 이건하면서 충렬사忠烈祠라 개칭하였다. 1798년(정조 22)에는 이 지방 출신으로, 임진왜란 때 의병을 일으킨 집의공 유희진執儀公 柳希津을, 1854년(철종 5)에는 주부공 유춘필主簿公 柳春苾을 추가 배향하였다. 즉 주벽主壁 : 사당에 모시는 위패 중 주장되는 위패에 충무공 이 선생, 동무東廡에 집의 유 선생, 서무西廡에 주부 유 선생의 단을 만들어 제사지냈다.

유애사 본전

1868년 ~~~~ 흥선대원군興宣大院君의 서원철폐령書院撤廢令에 의하여 훼철毁撤되고, 유지遺址에 유허비각을 세우고 단을 만들어 제향해 오다가 1963년 수성동에 이순신의 충렬사가 창건됨에 따라 1974년 다시 유애사로 이름하였다.

비각을 세울 때 언덕에다 단을 설치했으나 지금은 헐렸고 대신 1876년 ~~~~ 3월에 남아 있는 그 땅에 유허비각을 세웠다. 충무공 이순신, 집의공 유희진, 주부공 유춘필이라고 새긴 비석 3개가 이순신을 중심으로 하여 같은 자리에 나란히 세워져 있다. 내부 시설은 사우 1동, 내외삼문 1동, 강당 1동, 묘정비로 구성되어 있다.

군산 : 수군재건의 방략을 세우다

　명량해전이 끝난 후 조선 수군은 야음을 이용하여 당사도 전남 신안군 암태면 로 옮겨 밤을 지낸 후, 이튿날 9. 17 어외도 전남 신안군 지도읍 지도 에서 2일간 머문 뒤 칠산도 전남 영광군 낙월면 칠산도 와 법성포를 거쳐 홍농 전남 영광군 홍농읍 앞으로 가서 밤을 지냈다. 이어 고참도 전북 부안군 위도면 위도리 고참도 를 거쳐 고군산도 전북 군산시 옥도면 선유도리 고군 에 도착하여 머물렀다. 불과 5일만에 고군산도에 도착한 것이다. 이곳에서 12일간 머무르면서 비로소 얼마간의 휴식 시간을 가질 수 있었다. 이 기간 중 통제사 이순신은 명량해전 결과에 대한 상황 보고를 하였고, 인근 지역 관료들과의 만남을 통해 수군 활동에 대한 논의를 할 수 있었던 것으로 보인다. 아울러 당시의 전황에 대한 정보도 입수한 것으로 판단된다.

명량해전 직후 수군 이동경로

그러면 여기서 이순신이 유진한 고군산도는 어떤 곳인가? 군산진은 초기 군산도에 설치되어 있었다. 그후 군산도에 설치된 수군진은 폐진되었지만, 군산진의 명칭은 15세기에 간행된 각종 관찬자료에 '군산포영'으로 등록되어 있다. 군산도에 설치된 수군진은 '군산진'이라 하여 섬에 설치되었던 반면에, 폐진된 이후의 군산진은 '군산포영'이라 하여 내륙연안 포구에 설치되어 있었던 것이다. 여기서 말하는 군산포영은 15세기 각종 지리지에 '옥구현의 북쪽 22리에 위치한다.'라고 소개되어 있다.

여지도의 고군산진도

『호남진지』에 의하면, 고군산진은 둘레가 60리이고, 점점이 바둑알처럼 생겼다고 하였다. 동서남북이 모두 바다로 둘러싸여 있고, 항구에는 바닷물의 유입이 편안하고, 바람이 심하지 않아 만 척의 선박을 정박할 수 있으며, 남쪽과 북쪽 모두 양남의 조운이 가능한 곳이었다. 아울러 옛날에 진보가 망주봉 뒤쪽에 있었는데, 해적이 침입하자 폐진하였다가 1624년   에 복설하였다고 기록되어 있다.

(1) 고군산진 유허비

※ 소재지 : 전북 군산시 옥도면 선유도

고군산진터

고군산군도는 군산시 옥도면에 속하며 야미도, 신시도, 선유도, 무녀도, 장자도, 대장도, 관리도, 방축도, 명도, 말도, 비안도, 두리도의 12개 유인도와 50여 개의 무인도로 구성되어 있다.

이중 이순신이 고군산도에 머무른 시점은 1597년 9월 21일 도착한 후 10월 3일 떠나기까지의 12일간이다. 이순신은 『난중일기』에서 고군산군도에 도착하였다고 기록해 놓았는데, 이순신이 머무른 곳은 수군진이 있었던 선유도가 확실하다고 본다. 그러면 선유도의 어디에 머물렀을까? 현재 선유도에는 진말마을이란 곳이 있다. '진말'이란 진鎭이 설치되었던 마을이란 뜻에서 유래한 말이다.

조선 초 고군산도는 수군진이 설치되어 있던 곳이었으나, 세종 대를 즈음해 그 진이 내지인 옥구현 진포로 옮겨갔다. 그러다가 조선 후기에 이르러 고군산도에 다시 진이 설치되었다. 조선 후기 군산 일대에는 군산진과 고군산진 두 개의 진이 존립하였다. 오늘날 고군산도는 원래 군산도라 불렸으나 세종 대 군산진이 옥구현 진포로 이진한 이후 옥구현 진포의 군산진과 구별하기 위해 고군산도로 불린 것으로 보인다.

고군산진성의 위치(노란색 테두리 안 부분)

고군산도는 정조 대의 경우 약 600호의 민호가 살았던 곳으로 토지도 비옥한 편이었다. 조선시대 고군산도가 더욱 중요한 의미를 갖는 것은 군사적 요충지라는 점이다. 1786년(정조 10) 전라감사는 '만경의 고군산은 여러 섬들이 둘러싸 있고 가운데 큰 호수가 펼쳐져 있어서 수백 척의 전함을 수용할 수가 있습니다.'라고 군사적 중요성을 보고한 바 있다. 조선 후기 고군산진의 변천과정을 보면 1624년(인조 2)에 소모별장을 두었는데 보유 군선이라고는 방패선 1척뿐이었다. 그후 1637년(인조 15) 방패선을 전선으로 고쳤으며, 1675년(숙종 1)에는 고군산진의 진장을 첨사로 승격시키고, 1780년(정조 4) 고군산진 첨사로 하여금 영장營將을 겸하게 하였다. 즉 정조 초 고군산진을 영장이 관할하는 것으로 승격시켜 군산 이북의 수군을 나누어 다스리게 하는 독진으로 삼았다.

이곳이 당시 수군진이 있었다는 증거로 선유도의 선착장과 진말마을의 중간지점 도로변에 5기의 비석이 있다. 이들 비석은 수군절제사의 선정비가 주종을 이루고 있다. 비석군의 상태는 비교적 양호한 편이나 일부 훼손된 것도 있다.

고군산진 절제사 유허비군

비명	규모(높이×폭×두께) cm	건립연도
절제사허공복인덕선정비 節制使許公宓仁德善政碑	122× 54×15	1826년(순조 26) 3월
절제사홍공태환영세불망비 節制使洪公泰環永世不忘碑		1888년(고종 25)
절제사이공태형애민선정비 節制使李公泰亨愛民善政碑		1891년(고종 28)
절제사양공성록선정비 節制使梁公成祿善政碑		1893년(고종 30)
지방관심인택애민선정비 地方官沈寅澤愛民善政碑		1883년~1884년 추정

4부

전라남도
: 수군의 본거지로
전승을 뒷받침하다

전라남도와 이순신

　오늘날 전라남도 지역은 이순신과 근무 인연이 가장 깊은 곳이라고 할 수 있다. 특히 임진왜란 이전에도 수군직을 경험했던 고흥　　　　　을 비롯하여, 임진왜란 발발 1년 2개월 전에 부임한 전라좌수영의 본영이 위치한 여수는 이순신이 가장 오랫동안 주둔한 곳이다. 이 외에도 이순신이 삼도수군통제사로 근무하면서 전라도 여러 고을을 순시한 적도 있으며, 백의종군과 수군 정비를 위해서 전라도 여러 지방을 거쳐 가기도 했다. 특히 정유재란 시기 수군 정비를 위해 보성, 장흥을 거친 후 진도와 해남 지역에 주둔하면서 명량해전의 승리를 거두기도 하였다. 목포의 고하도와 완도의 고금도에서는 명량해전 이후 수군 재건 노력을 기울였다. 고금도는 종전기에도 조선 수군의 주둔지로 활용되면서 순천의 예교성에 주둔하고 있던 일본군을 공격하는 기지 역할을 하였다. 순천 지역은 마지막 해전 노량해전의 전초전이 된 곳으로도 알려져 있다. 이와 같이 전라남도 지역은 임진왜란 시기 이순신의 흔적이 가장 많이 남아 있는 곳이다.

　한편으로 전라남도는 이순신의 흔적뿐만 아니라 임진왜란이라는 전쟁을 극복하

는 데에도 중요한 역할을 담당한 지역이었다. '전라도에서 나는 곡식의 절반을 한산
도의 수군을 먹이는 데 사용했다'는 기록을 통해 볼 때, 전라남도는 조선 수군의 활
동을 지원하는 데 큰 역할을 한 곳이다. 그러다 보니 전라남도 곳곳에는 조선 수군
의 흔적도 많이 남아 있다.

2 고흥 : 발포만호를 지내다

    오늘날 고흥군은 임진왜란 시기 흥양현이었다. 이순신은 충청도병마절도사의 군관직을 근 1년 정도 수행한 후, 그의 나이 36세 때인 1580년 9월에 발포만호로 부임하였다. 전라좌수영 예하에는 5관 과 5포로 대변되는 총 10개의 수군부대가 있었다. 이중 오늘날 고흥 지역에는 그 절반인 1관 과 4포가 있었다. 그야말로 고흥은 전라좌수영의 전력戰力 중 절반을 차지하고 있었던 곳이다.

    이순신은 임진왜란 발발 12년 전에 이곳에 있던 발포진의 지휘관으로 부임하여 근무하였다. 이곳에서 근무 중 있었던 여러 가지 일화들이 전해 오며, 이를 토대로 몇 가지 기념 시설이 조성되었다. 그리고 이순신이 1591년 전라좌수사로 부임한 후에는 고흥을 순시하였으며, 이후 임진왜란 중에도 몇 차례 방문하는 등 고흥 지역은 이순신과 인연이 많은 곳이다.

(1) 흥양읍성(전라남도 기념물 제35호)

　　※ 소재지 : 전남 고흥군 고흥읍 옥하리

　　전라좌수사 이순신은 1592년(선조 25) 2월 19일부터 2월 25일까지 휘하 부대를 점검하였는데 주로 고흥 지역을 방문하였다. 2월 19일에 이순신은 전선을 타고 고흥군 점암면 여호리에 있었던 여도진으로 건너가서, 흥양현감 배흥립과 함께 여도진의 지휘관이었던 권관 김인영으로부터 수군과 무기 상태를 보고받고 그것을 점검하였다.

　　이어서 2월 20일에는 여도진을 떠나 현 고흥군 고흥읍에 위치한 흥양현에 도착하였다. 다음날 이순신은 흥양읍의 수군과 무기 상태를 보고 받은 후 이에 대한 점검을 실시하였다.

　　2월 22일 이순신은 흥양읍을 떠나 흥양선소에 들러 점검을 마친 후, 별 이상이 없음을 확인하고 바로 현 고흥군 도양읍 녹동에 위치한 녹도진으로 갔다. 녹도진에 도착한 이순신은 지휘관인 만호 정운에게 수군과 무기 상태를 보고 받고 점검을 실시하였다.

　　2월 23일 이순신은 현 고흥군 도화면 내발리에 있었던 발포진에 도착하여 점검을 하였다. 이어서 2월 24일 현 고흥군 영남면 금사리에 있었던 사도진에 도착하여 점검한 바 있다. 여기서는 1관 4포 중 여도·녹도·사도진성에 대한 소개는 하지 않고 흥양읍성과 발포진성에 대해서만 소개한다. 흥양읍성은 사방이 산으로 둘러싸여 있는 가운데 진산鎭山인 해발 291미터의 주월산을 배경으로 그 남쪽 산자락에 자리잡고 있다. 읍성의 남서쪽에는 마치산이, 북동쪽에는 낮은 야산의 구릉이 형성되어 있다. 그리고 지대가 낮은 북서·남동 방향으로는 작은 하천이 읍성의 중앙부를 관통하며 흐르고 있는데, 이 하천에는 서문리 홍교와 옥하리 홍교가 1871년 설치되었다.

　　흥양현興陽縣은 조선 초기에 고흥현高興縣과 남양현南陽縣을 합쳐서 만든 이름이다. 고려 이래 고흥현을 비롯하여 남양·두원현荳原縣 등 몇 개의 현이 병렬적으로 존립해 오던 것이, 1441년(세종 23) 2월 지금의 고흥읍내로 읍치邑治를 확정하면서 하나로 합쳐져 흥양현이 성립되었다.

흥양읍성은 방어를 위한 성곽體城과 성문·옹성·여장　　·해자 등 부대 시설, 객사·동헌·내아를 비롯한 각종 관아 건물과 창고, 왜구의 침입을 감시하기 위한 봉수 등의 시설로 구성되어 있다.

흥양읍성이 구체적으로 언제 축조되었는지 직접 알려 주는 기록은 전하지 않는다. 다만 흥양읍성興陽邑城은 1441년　　　2월에 지금의 읍성 자리에 터를 잡은 후, 읍성의 축조 작업을 진행한 것으로 짐작되지만 정확한 축성 연대는 확인되고 있지

않다. 흥양읍성의 규모와 시설은 1451년　　　8월 기록에 보면 둘레 3,500자, 여장을 포함한 높이는 평지가 15자, 고지대가 12자 4치로서 체성體城에는 11개의 치와 574개의 여장이 설치되었다.

복원된 흥양읍성

흥양읍성은 진산인 주월산을 배경으로 그 남쪽자락의 평지와 애산의 구릉을 연결하여 쌓은 평산성이다. 성벽은 바깥쪽은 돌로 쌓고 안쪽은 흙과 잡석을 섞어 쌓은 내탁식의 구조로 조선시대의 축성기법을 잘 따르고 있다.

흥양읍성에는 치성雉城 3개소와 홍교水口門 2개소가 남아 전한다. 치성은 서북우隅 　　에서 북문지* 사이의 중간 부분에 1개, 동북우에 1개, 동벽 중간에 1개가 남아 있는데 대략 직경 7미터, 높이 3.15~2미터 규모의 방형이다.

흥양읍성은 일제강점기 이래 훼손되어 그 원형을 찾기가 어려울 정도이다. 전체 성벽의 둘레는 1,446미터 정도로 복원되는데, 잔존하는 체성의 길이는 총 526미터로 파악되고 있다. 현재 고흥읍 중심부인 성의 남쪽과 동쪽의 체성은 대부분 훼손되

---

* 문지門址
동문, 서문 등의 흔적을 말한다.

어 그 흔적을 찾아볼 수 없고, 읍의 서쪽 낮은 야산과 경작지로 사용되는 북쪽의 구릉에만 체성이 남아 있다.

(2) 발포진성

※소재지 : 고흥군 도화면 발포리 성촌마을(전라남도 기념물 제27호)

발포진성은 이순신이 1580년 9월에 부임하여 16개월간 근무한 곳이다. 고흥군 남쪽 도화면 발포리 성촌마을에 위치하고 있다. 북쪽은 비교적 높은 산들로 막혀 있으나, 남쪽으로는 곧바로 큰 바다와 연결되는 위치를 점하고 있다. 발포진은 삼면으로 둘러싸고 있는 좁은 만灣의 가장 안쪽에 자리 잡은 천혜의 요새로서 고흥의 남쪽 해상 방어에 있어서 반드시 지켜야 할 군사 요충지였다.

발포진성

발포진은 1439년(세종 21) 4월에 녹도진과 발포진 사이에 있던 소흘라량진(所訖羅梁鎭)이 폐지되면서 설치되었다. 발포진성은 1490년(성종 21년) 윤 9월 말에 완공하였다. 자체 방어 시설인 수군진성을 갖추게 됨으로써, 포구浦口를 매개로 하여 해상에서 방어하던 기능이 육상과 해상을 아우르는 명실상부한 수군기지로 거듭나게 되었다. 전라좌수영 관내의 7개 수군진성은 1490년(성종 21) 4월부터 1491년(성종 22) 10월까지 2년간에 걸쳐서 축조되었다. 그 규모는 전라좌수영성 3,634척, 녹도진성 2,020척, 회령포진성 1,990척, 사도첨사진성 1,440척, 발포진성 1,360척, 여도진성 1,320척, 돌산포진성 1,313척으로 확인된다. 발포진성의 규모는 전라좌수영성 및 보성만(조성만) 입구에 위치하고 있는 흥양 녹도진성과 장흥 회령포진성을 제외하면 다른 수군진성과 별반 차이가 없다.

발포진 굴강 유적

발포진성은 방어를 위한 성곽城廓과 성문·여장女墻 등 체성에 딸린 부대 시설, 객사·동헌·내아를 비롯한 각종 관아 건물과 창고, 배의 정박과 수리를 위한 선소船

所, 왜구의 침입을 감시하기 위한 봉수 등의 시설로 구성되어 있다. 현재 선소의 시설인 굴강이 잘 남아 있다.

○ 청렴 공원

발포진성 내에는 청렴 공원이 조성되어 있다. 이는 이순신이 발포만호로 근무하던 시절 그가 보여 주었던 청렴성을 강조하기 위한 것이다. 그러한 근거가 된 사례를 다음과 같이 소개한다.

발포만호로 근무한 지 수개월이 지난 어느 날, 이순신이 해상훈련을 마치고 발포진성에 도착해 보니 발포 객사 뜰 앞에 있는 수십 년 자란 오동나무를 인부들이 베려고 하였다. 이때 이순신은 그 연유를 물었더니 전라좌수사 성박成鎛이 거문고를 만들기 위해 오동나무를 베어오라고 시켰다는 것이었다. 이에 이순신은 "이것은 관청 물건이요, 또 여러 해 길러 온 것을 하루아침에 베어버릴 수 있을 것이냐." 하면서 인부들을 돌려보냈다. 이순신은 이 오동나무로 장차 전선의 닻을 만드는 데 사용하려고 했던 것이다. 전라좌수사 성박은 크게 화가 났지만 감히 베어 가지는 못하였다.

발포만호 오동나무 일화비(청렴 공원 내)

성박에 이어 전라좌수사로 부임한 이용은 이순신의 근무 평정을 나쁘게 부여하였다. 그리하여 어느 날 전라좌수사 이용과 전라감사가 같이 모여서 소속 관리들에 대한 근무성적의 우열을 심사하면서 이순신을 맨 아래에 두려고 하였다. 이때 중봉 조헌(趙憲, 임진왜란 때의 의병장)이 도사(都事 : 조선시대 감영의 종5품 벼슬)로서 붓을 들고 있다가 쓰지 않고 하는 말이 "이순신의 군사를 지휘하는 법이 이 도에서는 제일이라는 말을 들어 왔는데, 다른 여러 진을 모두 아래에다 둘망정 이순신은 폄(貶)할 수 없을 것이요."하여 그만 중지하였다. 이렇게 이순신은 발포만호직을 수행하는 동안 근무를 훌륭하게 하고 있었다. 상관이 모함하려고 해도 다른 사람들이 이순신을 존경하는 마음을 표할 정도로 이순신의 능력과 공직자로서의 청렴한 위상은 널리 알려지고 있었다.

이와 같이 이순신의 청렴성과 공직자로서의 훌륭한 근무태도는 대부분의 근무지에서 드러나고 있는 현상이지만, 그중에서도 발포만호로서 근무할 때 더욱 빛이 나고 있었던 것이다. 이를 교훈으로 삼기 위해 고흥군에서는 최근 2016년 4월 발포진성 내 북쪽 언덕 부분에 청렴 공원을 조성하였다.

○ 발포유적기념비

※ 소재지 : 고흥군 도화면 내발리 마을 앞

발포유적기념비는 청소년들에게 유서깊은 발포의 내력과 이충무공의 얼을 선양하고자 고흥군 교육회에서 주관하여 1953년 11월에 건립하였다. 비문은 이은상이 지었는데 내용은 생략한다.

기념비 전면에는 세로로 '이충무공 머무르신 곳'이라고 새기고 좌우 뒷면에는 이순신이 발포만호 시절 있었던 일화를 소개하고 있다. 그리고 말미에는 노래를 읊었는데, 다음과 같다.

발포유적기념비

바라보라 언덕마다 끼치신 발자취를

앞바다 우는 물결 호령소리 들리시네

발포여 영광있으라 님 계시던 곳이니라

(3) 충무사

※ 소재지 : 고흥군 도화면 발포리

이순신이 발포만호로 재직한 것을 기념하기 위하여 발포진성의 북쪽 벽 뒤편 도제산 기슭에 사당을 세웠다. 이른바 충무사는 1976년 충무공유적고흥보존위원회를 구성하여 범 군민사업으로 하고자, 1976~1980년에 걸쳐 건립하였다. 총면적은 14,331제곱미터이며, 충무사 본전 43제곱미터를 비롯하여 내삼문과 외삼문 등으로 구성되어 있다. 매년 4월 28일 충무공보전위원회가 주관하여 이충무공 탄신제를 거행하고 있다.

충무사 전경

(4) 절이도해전지

※ 소재지 : 고흥군 금산면 거금로 720(거금휴게소 내)

절이도해전은 1598년 7월 19일(난중일기 석보에는 7월 고려도 기록되어 있음) 조명 수군이 일본 수군과 싸워 승리한 해전이다. 이 해전에서 조선 수군은 적선 100여 척을 맞아 50여 척을 불태우는 큰 전과를 거두었다. 당시 해전지가 절이도 북방 해역이며 절이도가 오늘날 거금도이므로, 이를 기념하고자 2017년 8월 해전지를 잘 볼 수 있는 곳에 절이도해전 승전탑을 건립하였다.

절이도해전 승전탑

절이도해전 승전탑의 소개글은 다음과 같다.

고흥은 임진왜란 당시 고흥 사람 모두가 이순신 장군과 함께 힘써 싸웠던 호국의 성지이다. 특히 절이도해전은 정유재란 때 승리했던 고흥 지역의 유일한 해전으로 그 의미는 밤바다의 등대처럼 밝게 빛나고 있다. 이순신 장군께서 조선 수군을 재건한 사실이 여실하게 확인됐고 조명연합 수군이 처음으로 합동작전을 벌였던 해전인 것이다. 이에 절이도해전 승전탑을 세워 고흥 군민들의 의로운 호국정신을 되새기며 거금도 앞바다의 역사를 잊지 않고자 한다.

3 여수 : 전라좌수사로 승리를 거두다

조선 후기 전라좌수영도(호좌수영지)

　여수와 이순신의 인연은 전라좌수영이 위치했던 여수에 부임해 오면서부터 시작
되었다. 당시 순천부에 속해 있었던 여수의 이순신 관련 유적과 기념 시설들은 이
순신이 전라좌수사로서 근무한 사실을 기념하는 것이 대부분이다. 1591년 2월부터
1597년 2월까지 6년 동안 전라좌수사로 근무하다보니, 여수 지역은 자연스럽게 이
순신의 주 근무지로서 오늘날에도 고착화된 느낌이다.

(1) 진남관(鎭南館, 국보 제304호)

※ 소재지 : 전남 여수시 군자동 472

종고산(해발 219m)을 배경으로 여수시 중앙에 위치한 진남관은, 1598년(선조 31)
12월에 통제사 겸 전라좌수사로 부임한 이시언(재임 : 1598.11~1601.3)이 1599년에 옛
진해루터에 세운 객사이다. 그 후 1664년(현종 5) 전라좌수사 이도빈이 개축하였으나,
1716년(숙종 42) 이여옥 좌수사(재임 : 1715.5~1716.7) 당시에 불에 타 없어졌었다. 현재의
진남관은 1718년(숙종 44) 이제면(李濟冕) 수사가 재건한 것이다.

진남관 전경

진남관은 전라좌수영의 가장 중심이 되는 곳에 위치해 있었으며, 동헌과 고소대,
병사들의 기거지, 훈련장 등이 주변에 설치되어 있었다. 이 진남관의 명칭이 의미하
는 바는 "남쪽의 왜적을 진압하여 나라를 평안하게 한다."는 뜻이다. 중앙 관리가
지방을 순회할 때 숙소로도 사용됐으며, 임금을 상징하는 궐(闕)패를 모시고 초하루
와 보름날 망궐례를 지내면서 선정을 베풀 것을 다짐하는 의식을 거행했던 곳이기도 하다.

진남관은 기둥이 모두 68개이며, 기둥머리의 지름이 기둥뿌리의 지름보다 작게 마름된 '민흘림 기둥'이다. 진남관 앞에 있는 2개의 돌기둥은 이순신이 전라좌수사로 있을 때 수군들의 야간 훈련을 위해서 직접 만들었다고 한다. 당시에는 4개가 있었다고 하지만 지금은 2개만 남아 있다.

1910년(순종 4)에 여수 공립보통학교를 시작으로 일제강점기에는 여수중학교와 야간상업중학교로 사용되었다가 광복 후, 여러 차례 보수를 거쳐 오늘에 이르고 있다. 1953년 진남관 보수공사 도중 1718년에 제작된 이제면 수사가 쓴 현판이 천정에서 발견되었는데, 이 현판은 현재 여수교육청에 보관 중이다.

현 건물은 정면 15칸, 측면 5칸의 대형 건물로 해인사 장경판고와 함께 몇 안 되는 우리나라 대표적 건물 중의 하나이다. 이 객사의 건물 높이는 14미터, 길이가 55미터나 되며 둘레 2.4미터의 큰 기둥이 68개나 되는 큰 건물이다. 건물 규모는 정면 15칸, 측면 5칸, 선물 변석 240평으로 현존하는 지방관아 건물에서는 최대 규모이다. 건물 축조는 다듬돌 바른 층 쌓기를 한 기단위에 자연초석을 놓고, 그 위에 민흘림의 두리기둥(둥근기둥, 원주)을 세웠다. 기둥은 창방(대청위의 장이 밑에 나는 넓적한 도리, 장어린 도리 밑에서 도리를 받치고 있는 모진 나무이고, 도리란 기둥과 기둥위에 놓여 얹히는 나무로 그 위에 서까래를 얹게 되었음)으로 연결되고, 공포(처마 끝의 무게를 받치려고 기둥머리 같은 데에 짜 맞추어 댄 나무부품는 기둥 위에만 배치한 주심포식(공포가 모두 주심위에만 있는 것)이다.

○ 여수 석인(麗水石人)

진남관 내에 보존되고 있다. 원래는 7구의 석인이 있었다고 하는데 지금은 1구만이 남아 있다. 방형의 화강암을 조각하여 만든 것으로 무덤 주위의 문무석상들과 흡사한 형상이다. 머리에는 삼산관 모양의 관을 쓰고 있으며 앞면 중앙에 꽃무늬가 조각되었고, 얼굴은 세련되지 못하고 경직된 모습이다. 두 손을 모아 가슴에 대고 지물을 들고 있다. 옷주름은 양어깨에서 가슴부위로 걸친 통견식이나 허리 이하는 불분명하여 확인하기 어렵다.

진남관 앞 여수석인

이 석인상은 임란당시 이순신이 왜적들의 공세가 심하여 이를 막기 위해 7구의 석
인을 만들어, 의인 擬人 사람이 아닌 것을 사람인 것처럼 보이게 함 전술로 인하여 승전한
것으로 전하는 석조물이다. 또 이 석인상은 거북선을 맨 돌사람으로 추정되기도 한다.

(2) 고소대(姑蘇臺)

※ 소재지 : 여수시 고소동(고소3길 13)

고소대에는 이순신과 관련된 3가지 비갈碑碣이 세워져 있다. 전라좌수영대첩비,
타루비, 동령소갈이 그것이다.

고소대 전경

○ 전라좌수영대첩비(보물 제571호)

이순신의 높은 전공을 기리기 위하여 1615년(광해군 7)에 당시 영의정 이항복이 글을 짓고, 이순신의 부하였던 황해병사 류형이 황해도 강음 땅에서 돌을 실어 와 1623년에 건립한 것이다.

귀부(龜趺, 거북모양을 한 비석의 받침돌), 비신碑身, 이수(螭首, 뿔 없는 용의 모양을 아로새긴 형상)의 3부작을 잘 갖춘 것으로 기단과 귀부가 1매의 돌로 되었다. 귀부에는 세장한 다리와 형식적인 머리, 그리고 등에는 육갑문이 표현되었다. 그 위에 장방형의 비좌를 마련하여 비신을 세우고 이수를 얹었다. 비신 상단에는 《통제이공수군대첩비統制李公水軍大捷碑》라고 전자篆字로 새겨져 있다. 이수는 하면에 연화문이 장식되었고, 전면은 중앙에 여의주를 중심으로 2마리의 용이 구름에 둘러싸인 채 다투는 형상이다. 후면은 구름무늬와 꽃무늬가 조식되었고, 맨 위에는 꽃무늬의 보주가 있다.

일제강점기에 반일 내용이 담긴 고적은 관할 경찰서장이 임의로 철거시키라는 비밀지령이 내려져, 1942년 타루비와 함께 유실되어 그 소재를 알 수 없다가 광복이 되

어 여수지방 유지들의 노력으로 1946년 국립 박물관 정원에 묻혀 있던 비들을 확인하여 여수 읍사무소에 임시로 안치하였다. 이에 '충무공 비각복구 기성회'가 구성되고 1947년 충무공과 연관된 현 고소대에 비각을 세워 타루비, 동령소갈과 함께 봉안되었다.

전라좌수영대첩비

이순신의 공훈을 기념하기 위하여 전근대시기에 건립된 비 중 최대 규모의 대첩비이다. 비문의 글은 당시 이름을 날렸던 이항복이 짓고, 글씨는 명필 김현성이 썼으며, 비몸 윗면의 '통제이공수군대첩비'라는 비 명칭은 김상용의 글씨이다. 1615년(광해군 7)에 세워졌다. 현재는 '여수 통제이공 수군대첩비'라고 고쳐 부르고 있다.

○ **타루비(墮淚碑)**

1603년(선조 36) 이순신의 부하들이 공을 추모하기 위하여 세운 비로써 일제 때, 좌수영대첩비와 함께 서울로 옮겨졌던 것을 찾아와서 대첩비각 안에 보존하고 있다. 비문의 내용은 "본영소속 수군들이 통제사 이순신을 위하여 짤막한 비석을 세우고 이름하되 타루라 하니 이는 저 중국 옛날 양양 땅 사람들이 양호를 사모하여 그의 비석을 바라보고는 반드시 눈물을 떨어뜨린 고사에서 취해 온 이름이다. 선조 36년, 가을에 세우다."라고 새겨져 있다.

원래 타루비는 중국 양양의 현산 위에 있는 비석 이름이다. 진나라 때 양호란 자가 양양태수가 되어 오나라와 싸우는 한편 그곳 백성들을 잘 다스렸는데, 양양 사람들이 그의 덕을 사모하여 그가 늘 거닐던 현산 위에 비를 세우고 사당을 지어 해마다 제사를 지냈다. 그리고 백성들이 언제나 그 비석을 바라보고는 그리운 눈물을 흘렸기 때문에 두예가 그 비석을 타루비라 불렀다. 결국 이순신이 양호와 같이 전쟁을 수행하면서 한편으로는 백성들도 잘 다스렸다는 뜻이다.

비의 형태는 네모난 받침돌 위에 비몸을 세우고 머릿돌을 얹은 모습이다. 받침돌에는 꽃무늬가 새겨져 있고, 머릿돌에는 구름무늬로 가득 채워져 있으며, 꼭대기에는 머리 장식으로 보주寶珠 연꽃 봉오리 모양의 장식가 큼직하게 솟아 있다. 비문은 '타루비'라는 비의 명칭을 앞면에 크게 새기고, 그 아래로 명칭을 붙이게 된 연유와 비를 세운 시기 등을 적고 있다. 1603년선조 36에 비를 세웠나.

타루비

○ 동령소갈(東嶺小碣)

1620년광해군 12에 세웠는데, 전라좌수영대첩비 및 타루비의 건립 경위를 새긴 비이다. 현감 심인조가 썼으며, 뒷면의 음기는 남구만1629-1711이 대첩비 건립경위를 쓴 것으로 동령소갈기 내용과 비슷하다. 비석 중 '비碑'는 네모진 것을, '갈碣'은 둥근 것을 의미한다

장방형의 비좌위에 1매석으로 된 탑신과 옥개가 있다. 비좌는 마멸이 심하여 형태를 알아볼 수 없을 정도이고 부식이 심하다. 정면과 측면에 꽃무늬가 새겨져 있다. 옥개석은 좌우에 나선형의 장식이 있고 반원형의 중앙에 여의주무늬가 앞뒷면에 있으며, 맨 위에는 연봉형의 보주가 조각되었다. 장방형의 비신의 뒷면 음기에 숭정崇禎 기원후 무인이므로 1698년숙종 24에 세워진 것임을 알 수 있다.

동령소갈

(3) 충민사(사적 제381호)

※ 소재지 : 여수시 덕충동 1808 외

이순신이 전사한 3년 뒤인 1601년[宣祖 34] 왕명으로 우의정 이항복[李恒福]이 현지 시찰을 하고 통제사 이시언[李時言]의 주관 아래 건립, 사액賜額된 이순신 관련 사액사당 제1호다.

원래는 이순신 주향主享에 전라좌수사 의민공毅愍公 이억기[李億祺]가 배향되었는데, 1677년[肅宗 3] 보성군수 안홍국[安弘國]이 추가로 배향되었다. 1870년[高宗 7] 서원철폐 때 훼철되었다가, 1873년 증수되었으며, 일제강점기에 다시 철폐되었다가, 1947년 지방유림이 원위치에 재건하였다.

경역은 1975~1984년 크게 증수 정화되어 사당[정조 외출 13.23평]과 내삼문인 충의문忠義門, 외삼문인 숭모문崇慕門, 충민사유허비忠愍祠遺墟碑 등이 있고 경역 밖에는 하마비下馬碑·홍살문·관리사무소 등이 있다.

충민사

 또한 충민사 바로 옆에는 충민사의 수호사찰인 석천사石泉寺가 있다. 이 절은 임진
왜란 때 이순신을 선상船上에까지 따라다니며 모신 승려 옥형玉泂이 충민사가 세워지
자 이를 수호하기 위해 지은 것으로, 큰 암석 밑에서 솟아나는 샘물에서 절의 이름
이 유래하였다.

충민사 뒤편의 솟아나는 샘물 석천

충민사를 건립한 후 우부승지였던 김상용이 선조에게 이름을 지어달라고 간청하여, 선조가 직접 이름을 짓고 그것을 새긴 현판을 하사함으로써 이순신의 제사를 지내는 최초의 사당이 되었다. 그 후 1732년(영조 8)에 충민공 이봉상을 신묘로 모시고 석천제를 창설하였다. 1870년(고종 7)에 흥선대원군의 서원철폐령에 따라 충민단만을 남기고 철거되었고, 이순신의 제향은 그 곁에 세워졌던 석천사에서 행하였다. 1873년(고종 10)에 주민들이 다시 중수 하였으나, 1919년 일본에 의해 다시 철폐되었다가, 광복후 1947년 원위치에 재건되었고, 1971년부터 수년간 보수와 정화 작업을 거쳐 지금의 충민사가 되었다.

충민사는 해발 385미터의 마래산 기슭에 위치하고 있으며 지정면적 98,146제곱미터로, 목조로 이루어진 정면 3칸, 측면 2칸의 팔작지붕건물인 사당과 내삼문인 충의문, 외삼문인 숭모문, 충민사유허비 등이 있고, 경역 밖에는 하마비와 홍살문, 관리사무소 등이 위치하고 있다

충민사의 정문을 들어서면, 연등동 벅수를 볼 수 있는데, 이것은 중요민속자료 제224호인 여수 연등동 벅수의 모형이다. 충민사의 유물 전시관 앞에는 임진왜란 때 사용하던 각종 화포와 조총 등이 전시되어 있다. 유물관 안에는 이순신을 양각한 청동상이 위용을 자랑하는 가운데, 이순신의 친필과, 임진일기, 갑오일기, 거북선의 건조에 대한 기록 등을 살펴 볼 수 있으며, 전장에서 사용되었던 곡나팔이나, 영패, 귀도, 조선 장수의 갑주 등 갖가지 유물들을 한눈에 살펴볼 수 있어 역사 교육의 장으로 방문이 많은 곳이다. 유물관을 나서면 잘 단장된 공원의 산책길이 있고, 돌담으로 아담하게 쌓아 놓은 약수터도 발견할 수 있다. 우뚝 솟은 숭모문 오른편에 여수 충민사 정화사적비가 있다. 충의문 안쪽으로는 충민사 사당이 자리하고 있다.

입구에 홍살문이 있고 외삼문인 숭모문은 정면 1칸 좌우퇴, 측면 2칸의 맞배지붕으로 다듬돌로 쌓은 기단에 원형초석을 놓았다. 기둥은 두리기둥이고 그 위에 주두가 있다. 내삼문인 충의문은 정면 1칸 좌우퇴, 측면 2칸의 맞배지붕으로 솟을삼문의

형태를 취했다.

　충의문을 지나면 맨 위쪽에 위치한 정면 3칸, 측면 2칸의 팔작지붕을 한 충민사가 있다. 3단의 장대석으로 된 높은 기단 위에 원형초석을 놓고 그 위에 두리기둥을 세웠다.

　1971년 여수, 여천 유림들을 중심으로 정화사업 5개년 계획을 수립해 1975년 공사를 시작하여 지금은 홍살문, 외삼문, 내삼문 등이 완성되어 국가사적으로서의 면모를 갖추었다. 1974년 9월 전라남도 지방기념물 제11호로 지정되었다가 1993년 6월 국가사적으로 승격되어 관리되고 있다.

(4) 선소 (船所, 사적 392호, 전라남도 기념물 제14호)
　※ 소재지 : 여수시 시전동 선소마을 708 외

여수(순천부) 선소 유적

여수 선소는 임진왜란 시기 순천부의 수군함선이 정박하고 있던 곳이다. 선소는 군선의 제작과 수리, 정박처로 활용된 항만 시설인데 오늘날 여수에는 임진왜란 당시 3곳의 선소가 있었다. 즉 좌수영선소는 현재 매립되어 이순신 광장으로 활용되고 있으며, 방답진선소는 여수 돌산도에 그 흔적이 남아 있다. 그리고 나머지 한 곳이 바로 이곳 시전동 선소인데 지금은 일종의 항만 시설인 굴강과 대장간, 세검정, 군기고 등이 있고, 주변에는 벅수 3쌍이 세워져 있다. 규모(면적)는 1만 8,541제곱미터(약 5,620평)이며, 선박을 매어 두었던 계선주 및 일반인의 통행금지 구역을 표시했던 벅수(돌장승) 6기와 수군들이 무기를 제작하고, 칼을 갈았다는 세검정지의 초석이 남아 있어 1988년 여천시에서 복원하였다. 뒤로는 병사들의 훈련장과 적의 동태를 감시할 수 있는 천혜의 요새인 망마산이 있다.

지금의 선소 위치가 밝혀지기까지는 상당한 노력이 뒤따랐다. 1847년(헌종 13)에 편찬된 『호좌수영지湖左水營誌』에 그 위치가 분명하게 나타나 있고, 18세기 초에 제작된 것으로 추정되는 『호남읍지』의 지도에 표시되어 있지만, 그 흔적이 거의 남아 있지 않았다. 그러다가 몇 차례의 조사를 통해 그 전모가 하나하나 밝혀졌다.

1980년 해군사관학교팀에 의해 1차 조사가 이루어진 이후, 1985년 명지대학교 한국건축문화연구소팀에 의해 2차 조사가 이루어졌고, 1994년 순천대학교 박물관에 의해 3차 조사가 이루어졌다.

1980년에 이루어진 1차 발굴조사를 통해서 선소 유적이 순천도호부 산하의 선소이며 임진왜란 당시 전라좌수영 본영 선소, 방답진 선소와 함께 거북선이 건조되었던 3개 선소 가운데 하나인 것으로 파악되었다.

아울러 그동안 구전되어 오던 세검정과 군기고의 규모를 확인하였으며 이에 따라 1985년에는 세검정과 군기고가 복원되었다. 1994년에 이루어진 발굴조사에서는 풀무간으로 추정되는 지역에서 노벽 하부만 남은 단야로 2기가 확인됨으로써, 조선시대 철기 제작기술을 알 수 있는 새로운 자료가 되었다.

계선주 유적

(5)자산 공원 이순신 동상
※ 소재지 : 여수시 종화동 106

여수시 종화동에 위치한 자산 공원 정상에는 이순신 동상이 우뚝 서 있다. 이 동상은 1967년 4월 28일에 건립한 것인데, 동상 좌대 정면에 '성웅 이순신상'이라고 새겨져 있다. 동상 형태를 보면 왼손에는 칼을 잡고 있으며, 오른손에는 북채를 들고 있다.

이 동상은 여수 충무공이순신 장군 동상건립추진위원회가 주관하여 건립하였는데, 그 취지를 이순신 광장 입구에 새겨 놓았다. 다음이 그 전문이다.

여수는 옛날의 전라좌수영 이충무공이 좌수사로 부임하여 앞날에 닥쳐올 전쟁을 위해 온갖 훈련과 방비를 갖추며, 특히 세계해전사상에 빛나는 거북선을 만든 곳이 여기요, 또 공의 본영이 여기였으므로 여기는 가장 인연 깊은 곳. 그의 계시던 곳임을 기념하고 또 구국정신을 길이 받들고자 전국 국민들의 성금을 거두어 여기에 이 동상을 세운 것이다.

동상 뒷면에는 이은상이 짓고 손재형이 글씨를 쓴 '거북선찬가'가 새겨져 있다.

이 땅 겨레의 혈관 속 줄기찬 전통의 힘을 뭉쳐 구만리 하늘이라도 솟구쳐 오를 불기둥 같은 정성을 뭉쳐 피와 땀과 슬기와 금강석보다도 더 굳은 얼을 뭉쳐 한바다 창파 위에 던지니 슬기롭다. 그 이름 거북선! 그것은 힘이었다. 정성이었다. 그리고 캘 수 없는 얼덩이였다. 파도높이보다 더 높은 자세로 휩쓸고 달리던 바다의 성벽이었다. 승리의 역사를 짓고 바다 위에선 조용히 그 모습 거두고 말았어도 겨레의 가슴마다에 새겨진 오! 우리들의 힘이여 정성이여 그리고 캘 수 없는 얼덩이여.

이순신 동상

(6) 이순신 광장

※소재지 : 여수시 중앙동 383

진남관에서 바다를 향해 내려다보면 멀리 장군도와 돌산대교가 보인다. 그리고 그보다 가까운 거리에 있는 부두와 맞닿은 곳에 광장이 조성되어 있다. 이곳은 조선시대 전라좌수영의 선소가 위치했던 곳인데, 이를 매립한 후 다른 용도로 활용하다가 2010년 4월에 이곳에다 이순신 광장을 조성한 것이다.

이순신 광장은 진남관 등 주변유적지와 연계하여 역사 문화 관광벨트의 시발점으로 관광객 유치와 더불어 시너지 효과를 유발하기 위해 조성하게 되었다. 2012 여수세계박람회와 거북선 축제 등 각종 축제 장소로 활용하고 관광객 유치, 시민 휴식 공간을 제공하고 침체된 원도심의 활성화와 더불어 여수의 상징으로 활용하고자 했다. 그리고 기존에 건설된 종화동의 해양 공원과 더불어 해안가 광장의 벨트화로 주변관광지와 연계한 테마형 관광 자원으로 활용하고자 조성하게 되었다.

이순신 광장의 거북선

이순신 광장의 이순신 동상

이순신 광장 조성 사업은 2006년 12월부터 2010년 4월까지 3년 5개월에 걸쳐 추진하였다. 위치는 여수시 중앙동 400번지 일원에 13,989제곱미터 면적으로 460억원의 재원을 투입하였다. 2009년 2월까지 보상과 건축물 철거를 완료하고 2009년 4월에 공사를 착공하여 2010년 4월에 공사를 마치고 개장하였다. 시설은 거북선, 이순신 동상, 전망대, 무대공연장, 분수, 광장, 기념의 벽, 지하주차장 등으로 구성되어 있다. 매주 토요일에 토요 상설공연으로 수군 출전식, 강강술래, 시립합창단 공연 등 다양한 공연이 열리고 있다.

거북선은 2014년에 완공되었는데, 길이 35.3미터, 폭 10.62미터의 2층구조로 되어 있으며 다른 거북선과 다른 특징으로 철갑이 없이 나무 개판에 철침을 꽂은 형태이다. 두꺼운 판자에 철침을 촘촘히 꽂은 것은 임진왜란 당시의 거북선 형태와 같지만, 구조가 2층구조라는 점과 용 아가리에서 포를 쏘지 못하게 구조된 점은 역사적 사실과 다르다.

한편 광장의 입구부분이라 할 수 있는 로터리에는 이순신 동상이 우뚝 서 있다. 이 동상은 좌대 위에 거북선을 세우고 그 위에 이순신이 서 있는 모습을 조각한 것이 특징이다. 이 동상의 원형은 자산 공원의 이순신 동상을 따랐다고 한다.

(7) 이순신자당기거지

※ 소재지 : 여수시 웅천동 송현마을(신월로 195)

여수시에는 이순신자당기거지가 조성되어 있다. 효성이 지극했던 이순신은 전란이 심해지자, 충청도 아산의 어머니를 비롯한 가족들을 전라좌수영 안 웅천동 송현마을에 있던 부하 장수 정대수 집에 모셨다.

이순신이 가족들을 아산에서 여수로 모신 것은 임진왜란 발발 이듬해인 1593년 5월경이었다. 당시 전황은 임진왜란 초기에는 많은 전투를 치름으로써 가족들의 안위에 대해 신경을 쓸 여력이 없었지만, 일본군이 한성에서 철수한 1593년 4월 18일 이후부터는 어느 정도 안정을 찾았기에 가족들을 인근에서 보살피고자 한 것이다. 이순신은 1593년 5월 18일을 전후로 해서 가노家奴 목년이를 시켜, 자당 초계 변 씨를 비롯한 일가족을 아산 곡교천 하류에 있는 해암포에서 선박을 이용해 여수까지 데려왔다.

거주지는 여수 고음내에 있는 부하 정대수(丁大水, 1565~1599)의 집이었다. 이곳 송현마을에 어머니 변 씨 부인과 부인 방 씨와 자식, 조카와 노복들까지 포함된 많은 가족이 1593년 5월부터 1597년 4월 초까지 4년 가까이 피난살이를 한 것이다. 이순신은 이곳에 어머니를 모셔 놓고 시간을 내어 찾아뵙거나 자식과 조카, 노비 등을 보내 문안을 드렸다.

당시 집의 흔적은 없으나 1972년 옛집이 있던 자리로 추정되는 곳에서 대들보, 마룻대, 살창문 같은 집 구조물과 맷돌, 디딜방아용 돌절구, 솥 같은 세간들을 찾아냈다. 현재의 건물은 2015년에 신축하였다. 정면 5칸, 측면 3칸 팔작지붕이며, 사랑채 관리실 등 부속 건물이 있다.

복원한 이순신자당기거지

(8) 오충사(五忠祠)

※ 소재지 : 여수시 웅천동 중촌마을

이순신과 임진왜란 때 전사한 창원 정 씨 집안의 충신 네 분의 신위를 모신 사당이다. 1847년 헌종 13 정재선이 그 선조인 정철에게 '충절공'이란 시호가 내려진 것을 기려 가고마을에 세운 사당으로 그때는 '가곡사'라 하였다가 뒤에 정 씨 집안의 충신 정춘, 정린, 정대수 세 분의 위패를 함께 모셔 사충사라 하였다.

1864년 대원군의 서원철폐령이 내려 헐렸으나 1921년 이곳에 다시 세울 때 이순신을 사당의 으뜸 위패인 주벽으로 모시고 오충사라 하였다. 현재의 사당은 1938년 일제강점기에 철거된 것을 1962년 복원한 것이다. 앞면 단층 팔작지붕이며 신당, 강당, 재실 등의 부속 건물이 있다.

오충사

(9) 묘도(이순신대교)

※ 소재지 : 여수시 묘도동 158-8

묘도는 이순신이 1598년 9월~11월 중 명나라 수군과 연합하여 예교성을 공격할 때 주둔기지로 삼았던 곳이다. 이곳에 이순신대교 홍보관이 설치되어 묘도의 역사와 이순신대교를 홍보하고 있다. 묘도를 통과하면서 여수(월내동)와 광양(중마동)을 잇는 전체 9.58킬로미터의 교량 중 이순신대교는 광양항과 묘도를 연결하는 현수교 부분을 말한다. 길이는 이순신이 태어난 연도를 의미하는 1,545미터로 국내 최대 규모의 현수교이다.

묘도에서 바라본 이순신대교

(10) 돌산도 거북선

※ 소재지 : 여수시 돌산읍 우두리(돌산로 361)

여수 돌산도에 정박되어 있는 거북선은 1986년 4월 유한회사 전라좌수영문화개발에서 약 4억 원의 비용을 들여 건조한 거북선이다. 2층 구조이며 선체 길이는 37미터, 높이 6.8미터, 총 톤수는 150톤이다.

돌산도 거북선

보성 : 신에게는 전선 12척이 남아 있습니다

　　보성은 임진왜란 시기 전라좌수영의 예하 세력으로 좌수사 이순신 휘하에서 보성군수가 지휘하는 수군이 활동하였다. 전라좌수영 전력의 한 부분이었기에 이순신은 수시로 보성에 들렀으며 보성군수는 전투에 참가하여 전공을 세웠다. 이순신이 보성과 각별한 인연을 가지게 된 것은, 1597년 8월 9일 수군 정비를 위해 보성에 도착한 후 8월 16일까지 8일간 보성에 머물렀던 사실이다. 이 기간 중 있었던 흔적을 오늘날 복원하여 기념하고 있다.

(1) 열선루

　　※ 소재지 : 전남 보성군 보성읍 송재로 165

　　정유재란 시기 이순신은 보성에 머무르는 동안 5일간은 사가私家에서 머무르면서 공무를 처리했지만, 나머지 3일간은 열선루에 머무르면서 공무를 처리하였다. 열선루는 그 지리적 위치나 구조적 기능 때문에 이순신에 의해 군사 지휘소로서의 역할을 수행하였던 것이다. 열선루가 오늘날 알려진 것은 '신에게는 전선 12척이 아직 남아 있습니다.'라는 이순신의 유명한 어록 때문이다. 다시 말해 1597년 8월 15일에 선전관 박천봉이 가져온 유지 有旨 를 받았는데, 내용은 수군이 미약하니 수군을 없애고 육전에 종사하라는 것이었다. 이에 이순신은 아직 12척의 전선이 남아 있으니 사력을 다해 항거해 싸우면 가능하다는 답변을 써서 장계로 올렸다. 이러한 이유 때문에 오늘날 열선루를 주목하는 것이다.

읍성내 주요 시설물
객사客舍
아사衙舍
사창司倉
열선정列仙亭
군기軍器
옥獄

보성읍성 내 열선정(列仙亭)

열선루는 보성읍성 내에 위치하였다. 지금은 흔적이 전혀 남아 있지 않지만, 문헌 기록으로 열선루의 모습을 추정할 수 있다. 보성읍성은 돌로 쌓았는데 둘레가 2천 9백 53척이요, 높이가 9척이며 그 안에 샘 4개와 못 2개가 있었다. 열선루列仙樓는 객관客館 북쪽 옛 취음정翠陰亭에 있으니, 군수 신경 申經 1486~1525(?)가 재임이 다시 짓고 열선루로 고쳤다고 기록되어 있다.

보성읍성은 정유재란 때에 큰 피해를 입은 후 1611년 전후하여 중건하였는데, 열선루列仙樓 대신 열선정列仙亭으로 표기되고 있다.

열선루는 관청官廳의 누정樓亭으로 조선 초에 건립되었다. 궁궐이나 관청에서 세운 누각樓閣이나 정자亭子는 접대, 의례, 연회 등의 여러 행사를 거행하는 기능을 가지고 있다. 열선루는 보성에서 건립된 누정들 중 가장 이른 시기에 건립된 것이며, 또한 가장 중요한 역할을 수행한 누정이었다고 할 수 있다. 객사의 북쪽에 자리잡고 있다는 위치 조건과 가장 아름답다고 하는 기록으로 보아, 보성의 풍광을 드높이는 누정이었던 것으로 보인다.

열선루의 모습을 고지도, 비변사인방안지도, 보성군지도에서 입체적으로 살필 수 있다. 보성읍성 내부는 객사客舍・아사衙舍・사창司倉・열선정列仙亭・군기軍器・옥獄이 있으며 남・북문을 둘러 읍성邑城이 그려져 있다. 지도 상단 주기에는 열선정은 관청 누정으로 군수 신경이 중수하였다고 기록되어 있다.

열선루의 흔적으로 추정되는 석물

열선루는 현재 남아 있지 않고 활주석과 외벌대(댓돌), 주초석柱礎石 4개가 발견되었다. 보성읍성 내의 건축물은 정유재란 때 화재를 입어 전부 소실된 것이 그 후 복원되어 1872년까지 남아 있다가 일제강점기에 폐성되었다. 1960년대까지 옛 보성읍성의 열선루 및 읍성내의 주춧돌, 지대석, 장대석 등 성城의 돌이 학교 주변에 있었으나, 학교 운동장 연못 매립을 위해 사용되면서 대부분 묻히게 되었다고 전한다.

현재 이곳에 전시되어 있는 석물은 조선 초기 보성읍성의 건축물을 살필 수 있는 역사자원이면서, 현재 추진 중인 충무공 이순신 유적지 복원 사업 중 열선루 복원에 사용될 소중한 유물이다. 보성군에서는 20177년 8월 현재 열선루 복원 사업을 진행 중이다.

(2) 방진관(方震館)

※ 소재지 : 보성군 보성읍 보성리 551-1

이순신의 장인 방진은 이순신의 진로에 큰 영향을 미쳤다. 이순신은 방진의 정신적 격려와 경제적 후원 속에서 과거에 급제할 때까지 처가에서 지내면서 무예를 연마하였다. 장인 방진과 장모 남양 홍 씨가 세상을 떠나자, 후손이 없는 처가(현재 아산이 충무공 고택)는 이순신의 본가가 되었다. 그리고 장인, 장모 묘소도 이순신이 외손봉사外孫奉祀하게 되었다. 후일 방진은 통훈대부通訓大夫로, 부인 홍 씨는 숙인淑人으로 증직되었다. 『이충무공전서』 「방부인전」에 이순신의 장인 방진과 방진의 어린 딸에 관한 일화가 전하고 있다.

어느 날 방진의 집에 화적火賊들이 안마당까지 들어왔다. 방진이 화살로 화적을 쏘다가 화살이 다 떨어지자 딸에게 방 안에 있는 화살을 가져오라고 하였다. 그러나 이미 화적들이 종과 내통해 화살을 몰래 훔쳐 나갔으므로 남은 것이 하나도 없었다. 이때 방진의 외동딸이 베틀의 도투마리를 화살인 양 다락에서 힘껏 내던지며 큰 소리로 "아버님, 화살 여기 있습니다."하고 소리쳤다. 방진의 활 솜씨를 두려워했던 화적들은 화살이 아직 많이 남은 것으로 알고 곧 놀라서 도망갔다. 이때 딸의 나이 겨우 12세 때 일이다. 방 씨 부인은 어릴 때부터 영민하기가 어른과 같았다.

이 일화를 통해 장인의 활 솜씨와 방 씨의 총명함을 알 수 있다. 또 이 일화를 통해 방진은 역대歷代 선사善射 편에 기록되었다. 이순신은 선조 초 보성군수를 역임한 것으로 추정되는 방진의 도움으로 병서를 두루 읽었을 뿐만 아니라, 궁술·검술 등 무예를 배웠을 것으로 추정된다. 이러한 과정을 거쳐 무과에 합격한 이순신은 임진왜란을 맞아서 뛰어난 전략전술과 병법 적용으로 연전연승을 거둘 수 있었다.

방진관 전경

보성군은 이순신의 장인 방진이 보성군수를 역임한 사실을 부각시켜 콘텐츠 개발을 하고 있는데, 대표적인 것이 이순신 리더십 교육관인 '방진관'을 개관한 것이다. 보성군수의 관사를 이순신 역사·교육·문화공간으로 새로 단장하여 주민과 관광객에게 개방하였다. 그동안 게스트하우스로 활용해 온 군수 관사를 이순신의 장인이자 전 보성군수 '방진'의 이름을 딴 '방진관'으로 개관하여 2016년 3월부터 운영하고 있다. 이를 계기로 보성군은 이순신 유적 복원사업을 적극 추진하고 있다. 방진관 운영을 통해 보성과 이순신을 바로 알아 정체성을 확립하고 애향심을 고취시키는 데 주력하고 있다. 다만, 아산에 세거한 방진이 보성에서 오랫동안 살았다고 추정하는 일부 시각은 잘못된 것임을 인실할 필요가 있다. 그리고 이순신은 청소년기에 아산에서 살았으므로 일부에서 보성에서 살았다는 주장은 근거가 없는 것임을 주지할 필요가 있다.

(3) 조양창(兆陽倉)

※ 소재지 : 보성군 조성면 우천리 고내마을

1597년 8월 3일 다시 삼도수군통제사로 근무하라는 교서敎書를 받은 이순신은 수군을 정비하기 위해 순천을 거쳐 보성에 도착하였다. 이순신이 보성에 들어서면서 제일 먼저 확인한 곳이 조양창의 군량이었다. 당시 군사도 부족했지만 군량이 확보되지 않는다면 수군 정비는 요원할 수밖에 없었다. 이런 이유 때문에 전라좌수영의 군량을 군선에 싣지 않은 전라좌도 우후 이몽구에게 곤장 80대를 치면서 질책하기도 하였다. 이순신은 그만큼 군량의 확보가 시급하였던 것이다. 다행스럽게도 이곳 조양창에 비축된 군량미가 봉인된 채로 남아 있어서 조선 수군의 군량 확보에 큰 도움이 되었다. 전라좌수영 내에 군창으로 기록된 보성 조양창은 이순신이 어려운 시기에 군량을 확보할 수 있었던 의미 있는 곳이다.

『신증동국여지승람』 전라도편 보성군 성곽조에 의하면 조양현성兆陽縣城은 돌로 쌓았으며, 둘레가 2천 2백 55척이요, 높이가 7척인데 그 안에 우물 2개가 있고 군창軍倉이 있었다고 기록되어 있다. 즉 군창은 조양창인 것이다. 같은 지리지 전라도 편에 군창이 있는 곳은 8곳이다. 전라좌수영 소속 5관·5포 관할 내에 군창은 보성과 흥양 2곳에 존재한다.

조양창이 위치했던 곳으로 추정되는 곳

　　정유재란 시기 이순신이 조양창에서 가득 쌓여 있는 군량을 얻어 재기할 수 있었
다하여, 이 마을을 '창고 안에 있는 마을'이라 하여 '고내庫內'라고 부르게 된 것이라
전한다.

5 진도 : 명량대첩을 구상하다

이순신이 진도와 인연을 맺게 된 것은 두 시기로 볼 수 있다. 첫 번째는 임진왜란 발발 1년 2개월 전 이순신이 전라좌수사로 발령 받기 직전에 진도군수를 임명받는다. 그러나 진도군수로 부임하기 전에 가리포첨사로 발령나고 이어서 바로 전라좌수사로 보직된다. 비록 진도군수로 근무하지는 못했지만 진도군수 선생안先生案*에는 기록되어 있다. 두 번째는 바로 정유재란 시기인 1597년 8월 29일에 진도 벽파진에 도착한 후 15일간 머무르면서 명량해전에 대한 구상을 했다는 사실이다.

---

* 선생안先生案
조선시대 중앙과 지방의 각 기관에 근무한 전임 관원에 대한 성명, 관직명, 생년, 본관 등을 기록한 책.

(1) 진도타워(울돌목 전망대)

※ 소재지 : 전남 진도군 군내면 만금길 112-41

진도타워

정유재란 당시 이순신의 명량대첩 승전을 기념하기 위하여 건립되었다. 진도타워는 이순신이 통제사로 있을 때 대승을 거둔 명량해전지가 한눈에 조망되는 곳에 세워진 것이 특징이다. 과거에는 이곳에 녹진 전망대가 세워져 있었으나, 허름한 전망대를 허물고 진도타워가 세워지면서 진도의 랜드마크로 탈바꿈하였다. 총 7층 규모의 검루로 전망대와 진도군 홍보관, 역사관, 특산물 판매장과 휴식공간 등이 함께 있어 관광객들에게 볼거리와 즐길 거리를 제공한다. 7층 전망대에 오르면 울돌목과 세방낙조, 그리고 멀리 영암 월출산, 해남 두륜산까지 조망할 수 있다.

(2) 녹진항 이순신 동상

※ 소재지 : 진도군 군내면 녹진리

2008년 10월에 세워진 이순신 동상은 좌대 15미터, 몸체 15미터로 총 30미터의 우리나라 최대 규모의 동상이다. 녹진항 이순신 동상 앞 해상이 실제 명량해전이 벌어진 장소로 판단된다. 동상 형태는 왼손에 칼을 잡고 오른손으로 명량해전지를 가리키고 있다.

녹진항 이순신 동상

(3) 벽파진전첩비(碧波津戰捷碑)

※소재지 : 진도군 고군면 벽파리

정유재란 당시 이순신이 이끈 조선 수군이 통쾌한 승리를 거둔 명량해전 승첩을 기념하고, 진도 출신 참전 순절자들을 기억하기 위해 1956년 8월 29일 건립되었다.

벽파진전첩비의 비신 높이는 3.8미터, 폭은 1.2미터, 두께는 58센티미터이다. 비문은 노산 이은상(李殷相, 1903-1982)이 짓고 글씨는 이 고장 출신 서예가 소전 손재형(孫在馨, 1903-1981)이 썼다.

비문의 내용은 이순신이 벽파진에 16일간 머무른 의미와 9월 7일에 있었던 벽파진해전에 대한 소개, 명량해전의 전과에 대해 새겨놓았다.

벽파진(碧波津)은 명량해협의 길목으로, 진도의 관문 역할을 하였던 나루터를 말한다. 벽파나루는 1984년 진도대교가 개통되기 전까지 진도에서 가장 번창했던 나루로, 진도군 고군면 벽파리와 해남군 황산면 옥동 삼지원(三枝院) 사이 2.8킬로미터를 연결하고 있다. 과거에는 벽파나루에서 해남군 화산(花山), 영암군 송지(松枝), 제주도 등을 갈 수 있었다고 한다.

벽파진전첩비

벽파나루는 1207년(고려 희종 3)에 세워져 해남 삼지원(三枝院)에서 진도로 가는 사신들의 숙박과 음식을 제공했다고 한다. 벽파정(碧波亭)은 1207년 벽파진의 숙사를 겸해 지은 원정(院亭)이다. 1272년 삼별초가 여몽연합군과 항전할 때 벽파나루를 협상 장소로 이용했으며, 조선시대 벽파나루에는 수진장(守津將)을 배치하였다. 사공 일을 세습하던 진부(津夫)들의 동네도 있었다.

벽파진 전경(앞에 보이는 정자가 복원된 벽파정)

1993년 벽파나루 근처 갯벌에서 송나라 때 만들어진 통나무배가 발굴되어 목포 해저유물전시관에 전시되어 있다. 현재 벽파나루에는 목포-추자-제주 간 여객선이 기항하고 있다.

(4) 남도포진성지(南桃浦鎭城址)

※ 소재지 : 진도군 임회면 남동리 149번지 외

남도포진성지는 이순신과 직접적인 관련이 없고 해전지가 위치한 곳도 아니다. 다만 임진왜란 시 남도포만호도 이순신 통제사의 지휘 하에 활약한 바가 있어서 여기에 대해 소개하고자 한다.

조선 전기 진도에는 소가포진과 사월곶진沙月串鎭이라는 수군진이 있었던 것으로 파악되고 있다. 사월곶진은 진도 고읍성의 동쪽 해안에 위치하고 있었다. 이들 2개의 수군진은 해남과 분리된 진도군이 치소治所로 삼았던 진도 고읍성이 북쪽 지역에 위치한 까닭으로 동쪽 해안에는 사월곶진, 서쪽 해안에는 소가포진을 배치하여 진도군의 치소인 진도 고읍성을 방어하였던 것이다.

그러다가 진도 고읍성으로 복귀한지 1년 후인 1438년(세종 20) 해남의 주량에 있던 병선을 남도포로 옮겨 설치하면서 남도포만호진(南桃浦萬戶鎭)이 신설되었다. 이로써 진도의 주방어선은 진도 고읍성을 중심으로 한 북쪽 해안 지역에서 남쪽 해안지대로 옮겨졌으며, 그만큼 왜구에 적극적으로 대처할 수 있게 되었다.

복원된 남도포진성

남도포진은 설치된 직후에는 주량의 전라수영에 속하였다. 1479년(성종 10) 순천부 내례포(內禮浦, 이수시 국동 일대)에 전라좌수영이 설치됨에 따라 주량의 전라수영은 전라우수영(해남군 문내면 우수영)으로 개편되었다. 이때 남도포진은 전라우수영 관하의 임치첨절제사영의 8개 만호진(어란포·금갑도·남도포·목포·다경포·법성포·검모포·군산포진) 가운데 하나로 개편되었다.

중종 대에는 삼포왜란 등 계속된 왜변으로 인하여 전라좌수영·우수영 관하의 수군진들이 재정비되었다. 남도포진은 전라우수영 가리포진관의 6개 만호진(회령포·마도·이진·어란·금갑·남도포) 가운데 하나로 다시 편제되었다.

임진왜란이 끝난 후 1683년(숙종 9)에 위도진·고군산진·지도진·임자진·고금도진·신지도진 등이 신설되었지만, 남도포진은 계속해서 가리포진관加里捕鎭管의 6개 만호진 가운데 하나로 편제되어 있었다.

남도포진의 관할 구역은 나주 관할의 하의도, 신도, 대야도, 상태도, 하태도(이상 신안군), 진도 관할의 가사도, 상조도, 하조도, 나배옥도, 석남도, 태우도(대마도), 소우도(소마도), 관청도, 포을만도(반매도), 청등도, 동거차도, 서거차도(이상 진도군) 등으로 진도군 서부 지역과 이와 접경하고 있던 신안군의 일부 섬까지를 포함하는 광범위한 지역에 걸쳐 있었다.

남도포진 내에 있는 남도포진성(진도 남도진성)은 평탄한 대지 위에 축조한 평지성으로서 현재 남동마을의 대부분을 감싸고 있다. 남동리는 망대산 하록의 북단에 위치하고 있어 외부에서 보면 S자형으로 곡면 되어 있다. 따라서 외부로부터는 엄폐되어 있으면서 남노포신성 남·서쪽의 망대산과 서망산에서는 적을 견제 감시하기에 좋은 지형 조건을 갖추고 있다.

진성외벽 앞에 세워진 역대 만호 공덕비

망대산에는 조망대를 설치, 운영하여 직접 조망하거나, 다른 요망대에서 조망한 적변을 남도포진성의 남쪽에는 세운천(속칭 가는 골)이 남도포진성의 자연 해자 역할을 해 주고 있는데, 세운천은 동에서 서쪽으로 흘러 바다에 이어지며 단운교와 쌍운교가 위치하고 있다.

남도포진에는 2005년 조사한 선소, 봉수, 사대(활터)가 남아 있다. 병선의 파손이나 부식이 불가피하였기 때문에 이를 수리, 건조하고 또 배가 정박하는 시설로 선소는 반드시 필요하였다. 선소는 현재 남망산의 북서쪽 산기슭에 위치하고 있다.

(5) 금갑도진성지(金甲島鎭城址)

※ 소재지 : 진도군 의신면 금갑리

금갑도진성지도는 이순신과 직접적인 연관이 없다. 금갑도만호는 임진왜란 당시 전라우수사 휘하에 편성된 만호진 중의 하나이다. 금갑도만호가 이끈 수군들이 주둔한 진이 바로 금갑도진성이다. 진도군 의신면 금갑리 뒷산(북원)의 구릉을 이용하여 축조한 석축성이다. 금갑도진성의 초축 연대는 1431년(세종 13) 전후일 것으로 추정하고 있지만, 정확한 축성 연대는 불분명하다.

금갑진성의 흔적

고려 때에 설치된 남도진南桃鎭 하나만으로는 침범하는 왜구들을 방어하기에 힘이 모자랐을 것이다. 이에 남도진에 상응하고 우수영과도 쉽게 연결될 수 있으며, 서남 해안 일대를 방어할 수 있는 요새지로서 금갑도에 진을 설치하였을 것이다.

금갑리 뒷산의 경사면을 이용하여 축성한 금갑도진성은 현재는 대부분이 훼손된 상태이며 흔적만이 확인되는 북벽의 일부만이 남아 있다. 잔존하는 유구로 보아 성축은 가로 90센티미터, 세로 40센티미터 정도의 방형 및 장방형의 석재 사이에 작은 돌을 끼워 맞추어 완성한 것으로 추정된다. 주민들은 동남문지를 기억하고 있으나 현재는 흔적조차 확인할 수 없다.

해남 : 명량대첩에 빛나다

해남은 이순신과 관련된 지역 중 비교적 늦게 인연을 맺었지만 명량해전이라는 중요한 해전을 수행한 곳이라는 점에서 그 비중이 높다. 이순신이 해남을 방문한 것은 강화교섭기간 중, 통제사의 자격으로 전라도 지역의 수군진을 도체찰사와 함께 순시할 때 처음이었다. 그러다가 해남과 본격적인 인연을 맺은 것은 정유재란 시기 칠천량해전 직후 수군통제사로 부임하여 수군을 정비하면서, 전라도 지역을 서진하면서부터였다. 8월 24일에는 해남 어란포에 주둔한 후 같은 달 28일에는 어란포해전을 수행하였다. 그 후 명량해전 직전 해남 우수영으로 진을 옮겨서 명량해전을 수행한 바 있다. 명량해전이 워낙 중요한 해전이었기에 해남에는 이와 관련한 유적과 기념 시설이 많다.

(1) 전라우수영지(사적 제535호)

 ※ 소재지 : 전남 해남군 문내면 동외리 일대

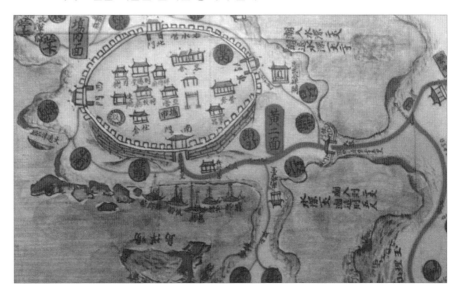

고지도(1872년 지방지도)의 전라우수영

　해남 황원곶에 설치된 전라우수영 포구는 지금의 남상리와 서하리 사이에 위치하는데, 지형적인 몇 가지 특징이 주목된다. 첫째, 갯벌이 아니고 평평한 갯바위이다. 둘째, 좁은 해협에 형성되어 있다. 이 해협을 명량 또는 울돌목이라고 하는데 조류가 빠른 곳으로 유명하다. 이러한 물길을 지나는 선박은 역조 시 대조항待潮港 역할을 하는 우수영 포구에서 순조로운 물때를 기다린다. 셋째, 전라우수영 앞에 양도洋島라는 섬이 있어 울돌목의 거센 파도를 막는 방파제 역할을 하였다. 조류가 빠른 울돌목이 있음에도 불구하고 전라수영이 황원에 설치된 이유이다. 양도로 인해 전라우수영 포구 안은 명량수로처럼 조류가 심하지 않고 선박이 정박하기에 적합하였다.

　성의 둘레 3,848척, 높이 12척, 성첩(성가퀴, 성위에 낮게 쌓은 담) 680개, 옹성 4개로 구성된 석성이다. 내부 구조는 관사로 내아, 제승당 등 26개소의 각종 당청과 중요

시설, 선청과 집회소 또는 회의장소로 이용된 12개소의 누정이 있었다. 중요 시설로 선창을 두었는데, 이는 성의 남문 밖에 석축으로 만든 포구 시설이었다.

전라우수영은 읍성의 남쪽 바닷가에 위치하고 있다. 성으로 들어가기 전에 관문성과 같은 원문轅門을 통과해야만 한다. 성에는 4개의 루문 형식의 성문이 있고 북문 밖 서쪽에는 망해루가 있으며, 성벽 위에는 여장이 있다. 4개의 성문을 중심으로 주요 동선체계는 '十'자 형태를 이루며 주요 시설과의 접근로를 확보하고 있다. 또 주목할 것은 성내 도로망으로 이는 현재 우수영마을의 도로망과 대체로 일치한다.

전라우수영에는 4개의 성문과는 별도로 수구문水口門이 있는데, 동문과 남문 사이에 위치한다. 이 수구문을 통해 나오면 선창이 있다. 성내 시설로는 동헌, 객사, 청, 시장, 정자 등을 볼 수 있다.

전라우수영의 지휘체계는 최고 통치자인 전라우수사 아래에 수군첨절제사, 우후, 만호 등으로 구성되며, 그 아래에 관원소장官員所掌, 장교소장將校所掌, 제리소장諸吏所掌, 포교소장捕校所掌, 관노소장官奴所掌, 나졸소장羅卒所掌 등이 파견되었다.

전라우수영 앞바다

전라우수영의 기능은 크게 군사적 기능과 행정적 기능으로 구분된다. 먼저 군사적 기능으로는 해방海防이 중요시 되었고, 이를 위해서 봉수대 관리와 수군훈련 그리고 선박 건조 등을 수행하였다. 또 행정적 기능으로는 표류민에 관한 보고, 조운선 호송, 금송禁松 및 선재목 관리 등의 기능을 수행하였다.

전라우수영의 우물로 사용한 방죽샘

전라우수영성은 타원 형태로서 사방에 문이 설치되어 있고, 그중 동문과 남문은 옹성 형태이고 나머지 두 문은 정확한 형태를 알기 힘들다. 방어 시설물로는 최소한 2개 이상의 치가 확인되었다.

현재 전라우수영의 유적 중 확인이 가능한 곳은 별로 많지 않다. 성벽은 북문에서 시작하여 수구문에 이르는 일부 성벽이 간헐적으로 남아 있다.

관아를 비롯한 대부분의 유적은 일제강점기에 관공서로 개축되면서 자취를 감추었으며, 다른 유적들 역시 1960~70년대에 실시된 새마을 사업 등으로 흔적은 고사되어 그 자취마저 찾기 힘든 실정이다.

이런 상황 속에서 다행스럽게도 흔적을 찾아볼 수 있는 곳은 방죽샘과 명량대첩비, 망해루 정도이다. 방죽샘은 현재는 식수로 사용하고 있지 않지만 기타 용수로 사용하고 있으며 유구가 비교적 잘 남아 있다. 망해루는 2004년 발굴조사가 이루어진 후 현재 복원된 상태다. 현재 북문에서 수구문에 이르는 구간은 간헐적으로 성벽이 확인되며 나머지 구간은 도로로 편입되거나 농지로 개간, 건축 등의 요인으로 성벽의 흔적을 찾아보기 힘든 상황이다.

(2) 명량대첩비

※ 소재지 : 해남군 문내면 동외리(보물 제503호)

명량대첩비는 명량해전에서 승리를 거둔 이순신의 공적을 기리고자 1688년 전라우수영 동문 밖에 세웠다. 이 비의 내용은 당시 이조판서를 지낸 이민서李敏敍가 지었으며 당대의 명필인 이정영이 글씨를 썼고, 전자篆字는 김만중이 썼다. 비문은 1685년에 썼으나 비를 세운 것은 3년 후 1688년 3월에 전라우수사 박신주에 의해 세워졌다.

명량대첩비각

그 후 일제강점기를 맞아 1942년 일제에 의해 강제 철거돼 일본으로 반출을 시도하다 실패한 일본은 서울로 옮겨 경복궁 근정전 뒤뜰에 버렸으며, 광복 후 1950년 해남 지역 유지들에 의해 '명량대첩비이전추진위원회'가 조직되어 우수영으로 옮겨진 후 3월 15일 구. 충무사에 비를 세웠다. 일제는 비를 철거하면서 비석 아랫부분을 심하게 훼손하여 지금도 그 부분이 까맣게 그을린 것을 볼 수 있다. 비는 직사각형의 받침돌 위에 몸돌을 꽂고, 그 위로 구름과 용을 장식한 머릿돌을 얹은 형태이다. 높이 2.67미터, 너비 1.14미터로 1969년에 보물로 지정되어 오늘에 이르고 있다.

60년이 흐른 지난 2010년 10월 1일 해남군은 원 설립지로 추정되는 옛 문내면 노인당 자리에 대한 철거 작업을 진행하던 중, 성곽 전문가에 의해 현 위치가 명량대첩비의 기초 유구 시설임이 확인되었다. 그리하여 정확한 위치 확인과 함께 원 자리에 복원이 가능하게 되어 원 설립지 이전을 추진하게 되었다. 1965년 보물 503호로 지정된 바 있는 명량대첩비는 1865년 간행된 '대동지지'를 비롯하여 1872년에 간행된 '해남군지'에도 명량대첩비가 우수영성 동문밖에 있다는 기록이 나오고 있다. 당시 발견된 명량대첩비 기초 유구 시설은 확인결과 장축 2.33미터, 단축 1.54미터, 깊이 0.25미터로 자연석의 암반을 깎아 명량대첩비를 세운 것으로 확인되었다.

명량대첩비

위와 같은 과정을 거쳐 마침내 지난 2010년 3월에 현 위치로 이전되었다.

비문의 내용을 보면 임진왜란 발발 후 이순신의 수군활동을 요약한 후 명량해전을 맞아서 적을 물리치는 과정을 상세히 적어 놓았다. 특히 이 비문에는 『난중일기』에는 보이지 않는 남도 연해안 백성들의 활약상도 소개하고 있다. 그러면서 이순신의 독자적인 힘으로 승리를 거둔 해전을 다른 육전에서의 승첩과 비교할 수 없음을 강조하고 있다. 비문 말미에는 이민서가 이 비문을 쓴 연유에 대해서 언급하고 있다. 이를테면 "내가 젊어 명량을 지나다가 공의 싸우던 터를 보고 하염없이 한숨 지며 오래 거닐면서 그의 인격을 상상하여 본 일이 있었던 바, 이제 남도 사람들이 그곳에 돌을 세우고 거기 새길 글을 청하는지라 의리에 감히 사양할 길이 없어 드디어 옛날 들은 이야기를 대강 적었다."라고 새겨져 있다.

(3) 충무사

※ 소재지 : 해남군 문내면 동외리(신. 충무사)

해남군 문내면 학동리(구. 충무사)

2017년 9월 현재 해남에는 충무사가 2곳 있다. 1964년에 건립되어 2016년까지 이순신 사당으로서의 기능을 수행해 온 구. 충무사와 2016년 10월에 현재의 위치로 이전한 충무사가 있다. 구. 충무사는 1964년 건립된 이후 1969년 중수하였다.

일반적으로 오래된 사당을 선호하는 것이 보편적 심리이기에 구 사당을 먼저 소개하고자 한다. 구 사당은 해남군 문내면 학동리에 소재하고 있다. 매년 이순신탄신일과 명량대첩기념일에 제례를 올렸다. 원래 명량대첩비가 이곳에 세워져 있다가 지난 2010년에 현 위치로 이전하였다. 본전은 영정이 있었는데 영정 역시 2016년 10월에 현재의 충무사로 옮겨졌다. 입구에는 역대수사 공덕비가 있고 충무사 뒤편에는 연리지가 있다. 100년 정도 된 두 개의 소나무 가지가 손을 맞잡고 있는 듯한 모습이다. 두 소나무 중간에서 뻗어 나온 가지 하나가 한그루의 나무처럼 붙어 있는 모습이 신비롭다. 연리지가 주는 의미는 원래 지극한 효성을 의미했으나 최근에는 남녀간의 사랑 혹은 짙은 부부애를 비유한다고 한다.(나뭇가지가 붙어있는 경우는 연리지, 줄기가 이어지면 연리목, 뿌리가 이어지면 연리, 라고 한다.)

현재의 사당은 명량대첩비 바로 옆에 세워져 있다. 2017년부터 사당의 기능을 수행하고 있다.

구. 충무사 앞의 역대 전라우수사 공덕비군   구. 충무사 뒤편의 연리지

신. 충무사 전경

(4) 용정사(오충사)

※소재지 : 해남군 해남읍 용정리 601-2

용정사는 이순신과 이순신을 도운 충신 4명의 공적을 기리기 위한 사우로서 1712년(숙종 38)에 건립되었다. 건립 당시에는 충무사로 창건되어 이순신을 모신 뒤 1740년(영조 16)에 류형을, 그 뒤 1796년(정조 20)에 이억기를 배향하면서 민충사로 개칭되었다.

용정사 내 오충사비각

그러다가 1829년(순조 29)에는 이유길, 이계년을 추가 배향하면서 오충사로 개칭하였으나 광복 후 용정사로 개칭되어 현재에 이르고 있다. 1894년에 오충사 공덕비를 세우면서 단이 설치되었으며, 이후 1919년에 후손들에 의해 삼문과 강당이 건립되었다. 현재는 음력 2월 15일에 충무공 이순신, 의민공 이억기, 참의공 이계년, 충경공 류형, 충의공 이유길을 배향하고 있다.

⑸ 명량대첩 기념 공원

※ 소재지 : 해남군 문내면 학동리 산37

명량대첩 기념 공원은 1986년 우수영 국민관광지로 지정, 1990년 명량대첩 기념 공원으로 조성하였다. 실제 준공은 1991년으로서 건립 목적은 이충무공의 호국정신을 선양하기 위하여 전라남도에서 건립하였으며, 바로 명량대첩지를 바라볼 수 있는 언덕에 위치하고 있다.

○ 명량대첩탑

명량대첩 기념 공원에는 많은 기념 시설이 건립되어 있다. 이중 가장 규모가 큰 구조물이 명량대첩탑이다. 명량대첩탑은 명량해전의 대승첩을 기념하기 위해 세운 것이다.

명량대첩탑

○ **명량대첩 의의비**

명량해전 직전 온전한 전선이 없이 해전이 불가능했던 당시 밤낮으로 폐선을 수리하여 마침내 명량해전을 가능케 한 사람들이 있었다. 정충량, 김세호 등과 함께 전쟁준비에 혼신의 힘을 쏟은 이들이 바로 저 무명의 선장과 목수들이었다. 이런 사람들의 활약상을 드러내기 위한 구조물이다.

○ **회령포의 결의**

명량해전이 눈앞에 닥쳤을 때 장흥 회령포에 당도한 수군통제사 이순신은 관내 장수들과 더불어 최후의 결전을 맹세했다. "나라의 위태로움이 여기에 이르렀으니, 우리가 어찌 한번의 죽음을 두려워하랴. 이제 모두 충의에 죽어 나라 지킨 영광을 얻자." 하여 비장한 결의를 다진 수군 장수들은 격전이 기다리는 우수영 바다를 향해 진군했다. 이것 역시 명량대첩을 이룩한 요인 중 하나로서 통제사 이순신을 중심으로 장졸들이 하나로 뭉쳤기 때문이다.

○ **의병항쟁비**

‒ 명량대첩은 해남 진도 등 해안지방 사람들이 수군과 함께 목숨을 바쳐 싸운 의병항쟁의 승리였다. 부자, 형제와 이웃들이 함께 참전하여 끝까지 싸웠으니 마하수 일가 5부자의 혈전이 그 한 예이다. 부친이 적선에 포위된 통제사를 구원하다가 적탄에 맞아 전사하자, 그 시신을 안고 일성통곡으로 복수를 맹세한 마 씨 형제들. 그들은 적이 패퇴할 때까지 결사의 항전을 그치지 않았다.

‒ 조응량 부자와 양응지 숙질도 이 지역 백성들과 함께 의병으로 참전하여, 명량해전에서 낫과 괭이 등 연장으로 적을 무찌르다가 승리를 눈앞에 두고 전사하니 보는 이들이 모두 슬퍼하였다.

‒ 해남 오극신, 계적 부자도 그 호남의병의 한 분으로 여러 싸움에서 늘 큰 공을 세

웠는데, 명량해전에서 외로운 군세로 돌과 창으로 닥치는 대로 왜적을 무찌르다
가 한날 한자리에서 전사하니 이순신이 탄식하여 나의 오른팔을 잃었다고 하였다.

정유란 구국공신충혼비

○ 이순신 어록비

명량대첩 기념 공원에 세워진 이순신 어록비는 크게 4종류이다. 첫째는 약무호남
시무국가若無湖南 是無國家로 '만약 호남이 없었다면 어찌 나라가 있었겠느냐'라는 뜻
으로 호남의 중요성을 일깨운 말씀이다. 이는 이순신이 1593년 7월 14일 한산도에 전
진기지를 설치한 후, 그 의의를 사헌부 지평으로 있던 친구 현덕승에게 쓴 편지에 쓰
여진 어록이다. 한산도에 진을 설치한 것은 곧 호남을 지키기 위한 것임을 강조한 말
이다.(이순신 서간집 중 답지평현덕승서答持平玄德升書)

둘째는 명량해전 하루 전에 한 말씀으로 '필사즉생 필생즉사...일부당경 족구천부
必死則生 必生則死...一夫當逕 足懼千夫'이다(이순신, 『난중일기』 정유년 9월 15일).

셋째는 "영남은 우리 땅이 아니란 말인가. 적을 토벌함에 있어서는 이 지방 저 지

방이 따로 없으니, 먼저 적의 예봉을 꺾어 놓게 되면 호남 또한 보전할 수 있을 것이다."라는 내용이다 홍익한, 「어산송무충공묘비 병서 세덕록」.

넷째는 "한산도는 지형이 질펀하게 열려 있어 공제의 승첩을 이룰 수가 없을 뿐더러 적의 눈에 쉽게 드러남으로써 추격은 가능할지언정, 저들을 끌어들여 치지는 못할 것이다. 그러나 울돌목은 적이 통과하지 않을 수 없는 길목일 뿐 아니라 바다의 형세가 우회하여 지척에서도 사람을 분별하기가 어려운 곳이니, 만일 우리가 미리 가까운 산 위에 올라가 잠복한다면 반드시 승리할 수 있을 것이다" 기재우사 김익의, 「행장」.

이순신 어록비

고뇌하는 이순신상

(6) 명량대첩해전사기념전시관

※ 소재지 : 해남군 문내면 학동리(명량대첩 기념 공원 앞)

명량대첩해전사기념전시관은 울돌목 관광단지 입구에 세워져 있다. 이 전시관은 2017년 3월에 개관하였는데 3층 규모로 각 층별로 5가지의 특별한 주제가 내재되어 있다.

1층은 '격전 당일을 들려주는 난중일기'라는 주제로 1597년 9월 16일 명량해전 당일 치열했던 전투상황을 들려주는 이순신의 난중일기를 볼 수 있다. 같은 층에 '눈 앞에서 펼쳐지는 4D 화력체험'이라는 주제의 영상관에서는 일본의 전함 세키부네를 타고 명량대첩의 시작부터 대승의 순간까지 격전의 순간을 경험하게 한다.

2층은 명량대첩의 필승요인 탐구 공간으로 '1:1로 재현한 판옥선의 위용'이라는 주제로 조선의 판옥선과 왜군의 주력선인 세키부네를 1:1로 재현한 공간에서의 다양한 체험을 할 수 있다. 같은 층에서 또 다른 주제로 '조선 수군력의 과학적 탐구'라는 내용으로 조선 수군 힘의 우위와 전력이 담긴 전략·전함·화기·지형의 승전 요소의 과학적 체험을 할 수 있다.

　3층에서는 '불멸의 명량! 호국의 울돌목'이라는 주제로 승리의 기운이 담긴 바다 울돌목을 바라볼 수 있는 3층 외부 전망대가 특징이다.

명량대첩해전사기념전시관

(7) 어란포해전지(어란진)

※ 소재지 : 해남군 송지면 어란리

　어란진은 고대부터 한중일 국제 해상로뿐만 아니라 제주도 해로와 조운로의 중간 기착지로 매우 중요한 곳이다. 어란포진은 조선시대 수군 만호진이 머물렀던 곳인데, 이순신이 이끈 조선 수군이 1597년 8월 28일 일본군선 8척을 물리친 해전지이기도 하다.

　통제사 이순신은 정유년 8월 19일 회령포에서 배설이 이끌고 온 전선 12척을 인수한 후 8월 24일에 어란포진에 도착했다. 이후 8월 26일엔 전라우수사 김억추가 이끌고 온 전선 1척을 보충하여 총 13척의 판옥선을 확보하였다. 이틀 후인 8월 28일에 일본 수군 선발대 8척이 어란진의 조선 수군에게 공격해 왔다. 이때 공격해온 일본 수군은 일본군 좌군에 편입되어 남원성공격전(8.13~16)에 참가한 후 좌군에서 떨어져 나와 서진을 하고 있었는데, 선발대가 이날 조선 수군과 마주치게 된 것이다. 이순신은 일본 수군을 맞아 선봉에 나서서 수군을 지휘하여 적선 8척을 공격하여 모두 쫓아버렸다. 이것이 어란포해전이다.

한편 조선 초기 어란진於蘭鎭은 해진군 남쪽 삼촌포로 현재 해남군 화산면 연곡리 일대에 위치했다. 『세종실록지리지』에 의하면 당시 어란 만호진에는 중선 4척과 군사 480명, 뱃사공 4명이 있었다. 이는 배의 왕래가 어려운 곳이지만 제주와 이어진 해로가 위치한 곳으로 조운선의 정박지로 좋은 곳이며, 왜구들의 출입 길목이 되는 요해시였기에 이곳에 신을 설치한 것이다.

어란 여인 이야기 기념석

그러다가 어란진은 송지면으로 이진되었다. 그 이유는 왜적의 잦은 침입으로 인해 관방의 역할과 함께 진도까지 방어하기 위한 것으로 보인다. 어란포진의 이진 시기는 정확하게 알 수 없으나, 1434~1530년 사이 어느 시점에 이진한 것으로 추정된다. 현재 어란진에는 만호진성의 흔적이 일부 남아 있다.

한편 이곳에는 어란포해전 외에 명량해전 승리에 기여한 어란의 설화가 전해 온다. 어란은 기생이었는데 명량해전 직전 왜군의 동향에 대한 중요한 정보를 전해 준다. 즉 『난중일기』에 언급된 김해사람을 어란으로 추정하면서 어란이 당시 일본군에 포로로 붙잡힌 김중걸金仲傑에게 일본군 장수들이 모의한 내용, 즉 어란포해전에서 패한 일본군이 조선 수군에게 복수를 한 후 서울까지 올라갈 계획이라는 사실을 알려 주었다는 것이다. 김중걸은 이러한 사실을 이순신의 망장 임준영에 알렸고, 임준영은 이 사실을 이순신에게 보고함으로써 명량해전을 대비하게 했다는 것이다. 어란에 대해서는 우리나라 기록에는 없으나 일본 측 기록 중 사와무로 하찌만다로 유고집에 왜장 칸 마사사게管正陰의 애첩이라고 기록되어 있다. 이 사실을 맞다고 속단할 수는 없으나 어쨌든 이런 얘기들이 있어서 최근 이런 내용을 담은 책이 발간되기도 하였다. 이런 이유로 '어란 여인 이야기'를 새긴 기념석이 마을 오른쪽 끝단의 언덕에 세워져 있으며, 2017년 9월 20일에는 어란기념판을 마을어귀에 세웠다.

목포 : 수군 재건의 기반을 다지다

목포는 해안 방어의 직지이자 그 앞을 지나는 해로의 역사적 중요성으로 인하여 수군 만호진이 설치된 이후, 전라우수영 관하의 수군진으로서 맡은 역할을 수행하였다. 이같이 전략적으로 중요한 위치는 임진왜란이 일어났을 때 다시 한번 주목된다. 바로 명량해전 이후 고하도에 주둔한 이순신이 이 지역에서 활약한 사실이 그것이다. 특히 이순신이 고하도에 주둔한 106일 동안 수군력을 재건하기 위해 각고의 노력을 기울인 사실과 관련한 설화들이 전해 오고 있다.

(1) 고하도 유허비(시도유형문화재 39호)

※ 소재지 : 전남 목포시 달동 산230

정확한 명칭은 '고하도 이충무공기념비'이다. 현재의 목포시 충무동 또는 달동으로 각각 불려지는 고하도高下島는 고화도高和島·보화도寶花島·비하도悲霞島·고하도孤霞島 등 여러 이름으로 불려져 왔다. 이순신이 이끈 조선 수군은 명량해전 이후 고군산도까지 올라갔다가 내려와 10월 29일부터, 이듬해 2월 16일까지 106일간 이곳에 머물렀다. 섬의 지형은 서북쪽은 산맥이 높이 솟아 있고, 동남쪽은 들판이 내려앉아서 바다를 받아들인 길쭉한 소쿠리 모양으로 남해를 바라보고 있다. 이러한 지형을 목포 인근 사람들은 용머리 또는 병풍도 등으로 부르고 있다.

고하도 모충각

모충각 내 기념비

이순신이 고하도에 머무른 이유는 서북풍을 막을 수 있고 전선을 감추기에 적합했으며, 지형 또한 훌륭하여 진영을 마련할 계획을 세웠다고 했듯이 당시 조선 수군의 상황에 매우 적합한 곳이었다. 다시 말해 고하도는 영암·강진·해남·진도 등 육지 연안들과 근접하여 군력을 정비하는 데는 최적지였고, 섬의 형세가 또한 군진의 설비에 적합한 곳이었다.

임진왜란이 끝난 뒤 고하도진은 규모가 축소된 채 별장別將이 배치되었고, 1647년(인조 25)에 고하도진은 당곶(唐串, 북항 시 하당일대)으로 이진되자 그나마 남아 있던 유적의 면모마저 소실되었다.

이러한 고하도의 유적이 조선 후기 들어 점차 잊혀지게 되자 그 유허를 기리고자,

숙종 대의 통제사 오중주吳重周와 이순신의 5세손 이봉상李鳳祥이 유지에 세운 기념비가 고하도 영산에 세워져 있다. 이 비는 오중주의 발의로 시작되었으나 그는 비석돌만 다듬어 놓고 이봉상이 1722년(경종 2) 건립한 것으로, 비문은 남구만南九萬이 짓고 글씨는 조태구趙泰耉가 썼다.

이곳에서는 정확한 연대는 밝혀지지 않으나 오래전부터 해마다 고하도 주민들에 의해 이순신 탄신일과 기일에 제사를 소규모로 모셔왔다. 1971년 이래로 목포시내 기업인들로 구성된 '목포지구 기념사업회'가 발족되어 현재까지 이순신 탄신일에 목포시청과 함께 제사를 모시고 있다고 한다.

(2) 유달산 노적봉(시도유형문화재 39호)

※ 소재지 : 목포시 죽교동

무안반도의 끝자락에 자리잡고 있는 유달산은 다도해 전망대이자 목포의 상징이다. 강과 바다가 만나는 길목에 우뚝 솟은 유달산을 병풍삼아 목원동이 발전하였다. 유달산은 원래 바위산이다. 지금은 소나무에 의해 많은 부분이 가려지기는 했지만 산 전체가 하나의 거대한 바위 덩어리이다. 유달산의 높이는 228미터에 불과하지만 전남의 소금강이라 불릴 만큼 각종 기암괴석이 저마다의 아름다움을 뽐내고 곳곳에 다양한 문화 유적이 산재해 있다. 기묘한 생김새만큼 바위마다 독특한 사연과 설화가 전해 오기도 한다, 노적봉도 그 중 하나이다.

정광정혜원을 지나 유달산 등산로 입구에 도달하면 왼편으로 우뚝 솟아 있는 바위 봉우리가 눈에 들어온다. 이곳이 이순신의 호국전설이 담긴 노적봉이다.

노적봉과 관련한 지명유래는 익히 알려져 있다. 이순신이 임진왜란 때 이 봉우리에 이엉(지붕이나 담을 이는 데 쓰기 위해 엮은 짚)을 덮어 멀리서 보면 마치 군량미를 쌓아 놓은 것처럼 보이게 했다. 해상에서 이를 본 왜적들은 "저렇게 많은 군량을 쌓아

두었으니 군사는 얼마나 많겠느냐."며 놀라 도망쳤다. 그 뒤부터 이 봉우리를 노적봉이라 부르게 되었다고 전해온다. 사실 노적봉 설화는 목포에만 있는 것이 아니다. 임진왜란과 관련된 해안가나 섬 지역에 유사한 형태의 설화들이 존재한다. 유독 목포 노적봉이 전국적으로 알려지게 된 데에는 두 가지 계기가 있었다. 첫째는 1935년 이난영이 불러 국민가요가 된 '목포의 눈물' 때문이다. 가사에 보면 "삼백년 원한 품은 노적봉 밑에 님 자취 완연하다 애달픈 정조"라는 대목이다. 한국인이라면 누구나 이 노래가사에 등장하는 '삼백년'이 임진왜란을 상징하고, '님'은 이순신을 의미한다는 것을 알 수 있다.

두 번째는 노적봉 설화가 1972년도 초등학교 3학년 국어교과서에 '노적봉과 영산강'이라는 제목으로 소개된 것이다. 이후 전국적인 유명세와 함께 유달산을 상징하는 명소가 되었다.

노적봉 전경

(3) 유달산 이순신 동상

※ 소재지 : 목포시 죽교동

유달산 이순신 동상

유달산에는 목포의 역사와 함께 설치된 여러 가지 조형물들이 곳곳에 있다. 저마다 상징성과 기념할만한 내용을 가지고 있는데 그 중 하나가 이순신 동상이다. 유달산 동구 계단을 올라가면 늠름한 모습의 이순신 동상을 만날 수 있다. 충무공정신을 구현하기 위해 1974년에 세워졌다. 이 동상은 우리나라에 세워진 이순신 동상 중 문화부(당시 문공부)에 등록된 제1호로 알려져 있다. 이은상이 친하고 시희환이 쓴 비문을 소개하면 다음과 같다.

우리와 함께 영원히 살아계신 애국정신의 상징이시다. 장군이 일찍 임진왜란 때 1597년 9월 명량승첩 뒤 10월 29일 우수영으로부터, 이곳 고하도에 이르러 이듬해 1598년 2월 17일 고금도로 옮기기까지 무릇 108일(실제 106일) 동안 여기서 머무르면서 해를 가로막아 전선을 만들고 군량을 모아 군사를 훈련하면서 진을 쳤었다. 그러므로 목포 앞바다에는 장군의 숨결이 배어들었고 지금도 다도해 하늘을 바라보면 장군의 모습이 나타난다. 저 산, 저 바다에 서려있는 님의 맹세 조국의 제단에 자기 한 몸 바치셨네. 피 묻은 발자국 따라 나도 그 길 가오리다.

동상의 뒷면에는 "충무공 정신을 구현하기 위한 목포시민의 정성을 모아 호국하신 이순신 장군의 동상을 세웁니다. 여기에는 충무공의 피와 땀이 어린 고하도의 흙을 간직하여 이 동상으로 하여금 충무공의 얼을 빛나게 하고 있습니다."라고 기록되어 있다. 동상의 바로 앞에는 노적봉을 지키는 노인암이 있다. 이순신 동상은 노인암과 노적봉을 응시하며 오랜 세월 그 자리를 지키고 있다.

(4) 목포만호진(전남문화재자료 제137호)

※ 소재지 : 목포시 만호동

역사 공원으로 복원된 목포만호진성

목포만호진은 이순신이 정유년 10월 29일 안편도에서 출항하여 고하도에 유진하기 전 들렀던 곳이다. 아무래도 목포만호진에 10여 척의 전선과 많은 군사들이 유진하기에는 적합하지 않았을 것이며, 무엇보다도 북서풍을 막으면서 배를 감추기에는 목포만호진 보다는 고하도가 더 낫다고 판단한 듯하다. 어쨌든 목포만호진도 고하도와 함께 이순신의 발길이 닿은 곳이다. 이를 기념하여 최근 목포시에서는 조선시대 수군의 진영이며, 일제강점기에 흔적도 없이 사라졌던 군사기지였던 목포진을 역사 공원으로 복원하여 목포의 건축물과 함께 역사문화관광자원으로 활용하고 있다.

목포진 유적비

목포진은 1439년(세종 21) 만호가 파견되고 병선이 주둔되었다. 그리고 목포진성은 1484년(성종 15)에 축성 논의를 시작하여 1502년(연산군 8)에 완공되었다. 목포만호진의 유적은 옛 자취를 찾아보기 힘들고, 만호동 일대 일부 주택의 담장이나 축대가 만호진의 흔적을 보여 주는 정도이다. 현재 목포시 만호동 4통 3반 일대를 '비석거리'라고 칭하였다고 하는데, 현재 이곳에는 옛 유적의 흔적을 보여 주는 '목포진유적木浦鎭遺跡'비 1기만이 남아 있을 뿐이다. 이 비석의 형태는 입석 형태의 자연석으로 앞면에 '목포진유적'이라 음기되어 있다. 비석의 크기는 높이 220센티미터, 넓이 105센티미터, 두께 45센티미터이다. 이 비를 근거로 하여 목포만호진 복원을 하여 일부나마 역사유적 공원으로 활용하고 있다.

8

완도 : 수건재건을 완성하고 명 수군과 연합하다

　이순신이 완도와 인연을 맺은 것은 크게 두 번이다. 하나는 가리포진과 관련된 것이다. 이순신은 1591년 2월 전라좌수사로 부임하기 직전 가리포진첨사로 발령을 받은 적이 있다. 현재 가리포진첨사 선생안에는 이순신의 이름이 54대 가리포진첨사로 당당히 올려져 있다. 아울러 임진왜란 중 이순신이 가리포진을 방문한 적이 있다.

　다른 하나는 고금도이다. 이순신이 1598년 2월 17일 목포 고하도를 떠나 현재의 완도 고금도에 이진하여 순국할 때까지 통제영을 설치하여 운영한 것이다. 특히 이 기간 중에는 명 수군도 참전함으로써 명 수군과 관련된 유적도 있다.

(1) 가리포진 객사(전남문화재자료 제109호)

　※소재지 : 전남 완도군 완도읍 주도길 3-1

완도 가리포진 전경

　이순신은 1596년 윤8월 24일 이곳 가리포진 객사에서 묵은 적이 있다. 『난중일기』를 보면 통제사 이순신은 체찰부사 한효순과 함께 전라도 지역 수군진을 순시하던 중 이날 가리포에 들렀다. 당시 이순신은 우우후(전라우수영 우후) 이정충과 함께 남망산(완도군 완도읍 망석리 소재)에 올랐다. 남망산에서 바라보니 적이 다니는 길과 섬들을 분명히 헤아릴 수 있어서, 이곳이야말로 호남을 지키는 첫 번째 가는 요충지라고(호남제일번) 표현하였다. 가리포진의 중요성을 강조한 것이다.

　가리포진은 1521년(중종 16) 조정의 명령에 따라 남창에 있던 달량진을 폐쇄하고 설진된 것이다. 가리포진성의 평면 형태는 원형에 가까운 부정타원형으로 그 형식이 매우 특이하다. 이는 지형적인 영향으로 남벽과 북벽의 일부는 산의 허리 부분에 축성하고 서벽은 고갯마루 정상이 아닌 중간 부분을 가로질러 축성하였다. 비교적 경사가 심한 까닭으로 성의 중심부가 가장 낮은 지대를 형성하고 있다. 1894년 폐진된 이후 지금까지도 흔적이 남아 있다.

완도 가리포진 객사 앞의 호남제일번

한편 현재 남아 있는 가리포진 객사 '청해관'은 1722년(경종 2) 제124대 첨사 이형이 신축했으며, 1869년 204대 첨사 이위소에 의해 중수된 완도에서 제일 오래된 건물이다. '호남제일번湖南第一藩'이라는 현판은 1854년(철종 5) 첨사 홍선이 쓴 것이다. 이 객사를 일명 '청해관淸海館'이라고도 부른다.

(2) 고금도 통제영 유적(완도 묘당도 이충무공 유적)

○ **충무사**(사적 제114호)

※ 소재지 : 완도군 고금면 덕동리 산58번지

고금도 충무사는 원래 관왕묘關王廟였다. 정유재란 시기 명 수군을 이끌고 참가한 명 수군도독 진린陳璘이 1598년 9월에 고금도에 세운 사당이다. 관왕은 관우를 의미하며 중국인들은 관우를 신으로 모시는 경향이 있었다. 당시 관왕묘에는 흙으로 빚어 만든 관운장의 상을 모셨다. 사당이 건립되자 진린은 제사를 드리고 건립 비용에서 남는 것을 섬사람들에게 주어 제사를 받들도록 하였다고 한다.

전쟁이 끝나고 진린이 귀국한 후 고금도 주민들에 의해 관왕묘의 제향은 계속되었다. 그러다가 세월이 흐르면서 점차 그 관리가 소홀해졌다. 그러던 중 1666년(현종 7)에 전라우수사 유비연柳斐然이 관왕묘를 중수(重修 : 낡고 헌 것을 다시 손대어 고침)하였는데, 그는 퇴락한 관운장의 상을 다시 수리하며 건물을 고쳐 짓고, 또 관왕묘 곁에 옥천암玉泉庵이라는 암자를 건립하여 중 천휘天輝로 하여금 수호와 제향을 책임지도록 하였다. 이때 처음으로 진린을 동무(東廡 : 정당의 동쪽에 세워져 있는 행랑)에 배향하였으며, 1683년(숙종 9)에는 이순신을 서무西廡에 추가로 배향하였다.

그후 1710년(숙종 36)에 원임대신 이이명李頤命이 고금도 관왕묘의 품격과 그에 대한 국가적 지원을 왕에게 건의하여 춘추로 2차례씩 제향이 이루어졌다. 관왕묘는 정조에 의해서 면모가 일신되었는데, 1791년(정조 15)에 임금이 명나라의 은혜에 크게 보답한다는 의미로 탄보묘誕報廟라고 사액이 이루어졌다. 명나라 은혜를 크게 갚는다는 뜻이다. 이로써 관왕묘는 사액묘로서 그 품격과 중요성을 국가적으로 인정받게 된 것이다. 이듬해인 1792년에는 진린의 부장이었던 등자룡을 추가하여 동무에 진린과 함께 배향하였다.

고금도 충무사 본전

그러다가 1910년 일제강점기를 맞아 제사가 끊어지고 탄보묘에 대한 일본의 탄압이 격심해졌다. 1940년대 들어서는 350년간 모셔온 관왕상이 철거·소각되었다. 광복후 현대 시기 1953년에 이 지역 유지들에 의해서 탄보묘는 충무사로 새롭게 출발하였다. 퇴락된 서무를 헐어 그 자재로 충무사와 외삼문과 비각을 경내에 새로 건립하였다. 이때 묘우廟宇에 충무사라는 현판을 새롭게 내걸고 이순신의 위패를 정전에 봉안하였다. 1960년에는 가리포첨사 이영남李英男을 배향하였으며, 그해에 고금도 충무사는 사적 제114호로 지정되었다.

○ 관왕묘비(關王廟碑)

관왕묘비는 현재 충무사 외삼문을 지나서 왼쪽 편에 우뚝 서 있다. 그 연원을 살펴보면 다음과 같다. 1713년(숙종 39)에는 현재 충무사 경내의 비각 안에 있는 관왕묘비가 새롭게 건립되었다. 이 비는 원래 이순신의 증손인 이광보李光輔가 수군 우후로 부임하여 선조의 유허인 이곳에 비를 세우고자 했으나, 중단된 후 전라우수사 신찬이 이어서 추진했으나 완성하지 못하다가 이때 건립된 것이다. 이 비는 뒤에 관왕묘를 중수했던 처환이 유지를 받들어 1713년에야 건립하였는데, 비문은 당시 원임좌의정 이이명이 짓고 글씨는 통제사 이우항이 썼다. 내용은 명 수군 도독 진린의 활약상과 관왕묘의 건립 과정을 담고 있다.

관왕묘비

○ **월송대**

이순신이 노량해전에서 전사한 후 일단 고금도 통제영으로 운구되었다. 이곳에서 10일 정도의 기간 동안 장례를 치르고 이순신의 유해는 아산 본가로 이송된다. 고금도에서 이순신의 유해를 임시로 안치한 곳을 기념하여 조성한 곳이 바로 월송대이다. 소나무 사이에 위치한 관계로 풀이 자라지 않는 것이 특징이다.

월송대 이순신 가묘 흔적

○ 활터

※ 소재지 : 완도군 고금면 윤동리

덕동리 포구 인근의 윤동리에 오래된 은행나무 한 그루가 있다. 통제사 이순신이 고금도에 주둔하는 동안 이곳 사정에서 궁술을 연마했다고 전해온다. 이순신은 항상 궁술 연마를 게을리 하지 않았으므로, 주둔했던 곳마다 어김없이 과녁을 설치하여 자신은 물론이며 부하 장수들과 활쏘기를 연마하였다. 이 은행나무는 마을의 당산나무이기도 하다. 즉 이 마을의 민속 당제와 연관되어 있는 나무인데, 이 나무에 빌면 장수한다는 전설이 전해 오고 있다.

조선 수군 활 쏘는 장소의 은행나무

○ **어란정(於蘭井)**

※ 소재지 : 완도군 고금면 화성리

정유재란 당시 이순신의 지시로 당시 어란진(해남군 송지면 어란리) 수군만호가 개발했다는 우물이며, 수많은 수군 장졸들의 식수를 공급했던 의미 있는 유적이다. 근세까지도 이 우물은 사계절동안 물이 풍족하며 깨끗하고 맑아 이 우물 때문에 이 마을도 형성되었다고 한다. 한편 화성리마을 앞의 백사장은 임진왜란 당시 수군들의 연병장이었다고 전해온다.

어란정

○ 왜살도(倭殺島)

어란정 앞에서 바다쪽으로 바라보면 조그마한 섬이 있다. 이 섬을 이곳에서는 왜살도라고 부른다. 그 연유는 다음과 같다. 1597년 10월 14일 발음도(현 전남 신안군 팔금면 팔금도 원산리 보금포 추정)에 머무르고 있던 통제사 이순신은 평생 잊지 못할 비보를 받았다. 바로 셋째 아들 면이 전사했다는 소식이었다. 면은 아산 본가에서 어머니(이순신 부인)를 비롯한 남아 있던 가족들을 보필하고 있었는데, 마침 아산을 침입한 왜군들과 맞서 싸우다가 복병의 칼에 맞고 전사한 것이다. 이순신은 그 기별을 듣고 너무 애통한 나머지 그로부터 정신이 날마다 쇠약해져 갔다.

이듬해(1598년) 이순신이 고금도에 주둔하고 있을 때 어느 날 낮잠이 어슴푸레 들었는데, 꿈에 면이 나타나서 슬피 울면서 하는 말이 "저를 죽인 왜적을 아버지께서 죽여주십시오."라고 하였다. 이순신은 대답하되 "네가 살았을 때 장사였는데 죽어서는 적을 죽일 수 없느냐?"하고 물었다. 그러자 면은 "제가 적의 손에 죽었기 때문에 겁이 나서 감히 죽이지를 못하옵니다." 하였다. 이 말을 듣고 이순신이 문득 깨어 일어나 곁에 있는 사람들에게 "내 꿈이 이러이러하니 웬일인고." 하며 슬픔을 억제하기 못하고 그대로 팔베개를 베고 눈을 감았더니 몽롱한 가운데 면이 또 와서 울며 아뢰는 말이 "아버지로서 자식의 원수를 갚는 일에 저승과 이승이 무슨 간격이 있을 겁니까? 원수를 갚은 진 속에 두고 제 말을 예사로 듣고 죽이지를 않는다니요?" 하면서 통곡하고 가 버리므로 이순신이 깜짝 놀라서 물으니 과연 새로 잡혀 온 왜적 하나가 배 속에 갇혀 있다 하였다. 이순신이 명령을 내려 그자의 소행 내력을 물었더니 바로 면을 죽인 그놈인지라 동강 내어 죽이라고 명령하였다.

왜살도로 불리는 섬

　그때 왜적을 죽인 장소가 바로 고금도 앞바다에 있는 조그마한 섬이었는데, 그 섬
이름을 그 후 왜살도로 불렸다고 한다.

　○ 해남도(海南島)

　해남도는 덕동리 포구와 묘당도 사이에 있는 작은 섬으로 일명 우장섬으로도 불
린다. 이순신이 이 섬에 풀을 쌓고 거적으로 덮음으로써 군량을 쌓아 놓고 군사를
주둔시킨 형상으로 꾸몄다 한다. 또한 섬을 마름으로 덮은 후 수천 개의 허수아비를
만들어 세워 놓고, 밤이면 횃불을 꽂아 놓아 많은 군사들이 주둔하고 있는 것처럼
위장하였다고 전해지는 섬이다.

　이와 같은 이순신의 위장전술에 말려든 일본군들이 밤이 되면 섬 주위에 몰려 와
조총과 화살을 수없이 쏘아 대었는데, 거의 보름동안을 계속하다가 결국은 탄환과
화살이 소비되자 고흥 방면으로 도망갔다고 한다. 이순신은 또한 여기에서 조개껍질
을 태워 가루를 만들어 바다에 흘려보냄으로써 마치 쌀뜬 물처럼 보이게 하여, 우리
군사가 많은 것처럼 적을 속이기도 했다고 전한다.

순천 : 예교성 수륙합공전을 수행하다

순천은 이순신이 전라좌수사로 근무하던 시절 휘하 5관 중 한 곳으로 소속되었던 곳이다. 따라서 이순신의 발자취가 남아 있는 곳이며, 정유재란 초기 백의종군차 경상도로 이동할 때 10여 일간 이곳에서 머물렀던 곳이기도 하다. 종전기에는 일본군이 쌓은 순천왜성 공격전을 벌인 곳으로도 유명하다.

(1) 순천왜성(전라남도 기념물 제171호)

※ 소재지 : 전남 순천시 해룡면 신성리 산1 외

이곳은 정유재란 시기 통제사 이순신이 명나라수군과 연합으로 6차례나 공격한 적이 있는 매우 유서 깊은 곳이다. 1598년 9월부터 11월까지 2개월간 펼쳐진 전투로 이를 흔히 예교성전투라고 부른다. 이 전투에서 조명 수군은 4차례는 크게 승리를 거두었으나 2차례는 전과보다 피해가 큰 결과를 보였다. 그만큼 왜성 공략전은 쉽지 않은 전투였다.

이순신이 이끈 조선 수군이 수륙합공전으로 함락시키지 못한 이 왜성의 규모는 주변 면적이 188,428제곱미터(약 57,000평) 규모이다. 낮은 구릉지대에 내외성 2중으로 돌로 쌓아 만든 성이다. 1597년 정유재란 때 왜장 고니시 유키나가와 우키다 히데이에가 일본군의 호남 공격을 위한 전진기지 겸 최후 방어기지로 삼기 위해 쌓은 성이다.

순천왜성은 왜교倭橋·예교曳橋·왜성대倭城臺 등의 별칭을 갖고 있다. 광해군 때 이수광이 순천부사로 있을 때는 그 이름이 좋지 않다 하여, 망해대望海臺라는 새로운 명칭을 지어 부른 예도 있었다.

이 성은 견고한 중성重城으로서 애초 동그라미 형태의 여섯 겹이었지만 지금은 세 겹의 성(전체 길이 2,502미터)만 남아 있다. 순천왜성은 거주 주체에 따라 군사적으로 방어목적을 지닌 왜성이고, 지형에 따라 구릉에 가까운 낮은 산마루에 있는 산정식 산성, 지리적 위치에 따라 해안성海岸城, 축성새료에 나라 석성, 중복도에 나라 복곽성複郭城. 폐합 여부에 따라 폐합성閉合城으로 분류된다.

복원된 순천왜성 천수각 부분

순천왜성은 일제강점기인 1938년 조선 고적명승천연기념물 보존령(1934년 제정)에 따라 사적으로 지정되어 오다가, 1962년에 문화재보호법에 따라 국가사적 제49호 순주 신성리성로 승계되어 왔다. 1996년에 문화재관리국에서 일제강점기에 지정된 문화재에 대한 재평가 작업을 실시한 뒤, 신성리성을 1997년 1월 1일자로 국가사적에서 해제하였다. 이때부터 이 성을 왜성으로 명기하면서 도지정 문화재로 지정 권고하였다.

정면에 보이는 장도 모습

한편 순천왜성 천수각 부근에 서서 광양만 쪽을 바라보면 장도가 있다. 조명연합 수군의 전진기지 역할을 했던 장도는 형체 불명으로 남아 있다. 전라남도는 1994년 여수 율촌산단을 조성하기 위해 장도를 폭파해 간척지 매립토로 쓰려다가 시민단체의 강력한 반발에 부딪쳤다. 결국 0.4제곱킬로미터 규모의 장도는 반쪽이 파헤쳐졌고, 70여 가구 주민들마저 이주한 뒤 방치되어 있다. 최근에는 이곳을 임진왜란 역사유적 공원으로 조성하기 위해 기초 작업을 진행하고 있다.

(2) 충무사(전남문화재자료 제48호)

※ 소재지 : 순천시 해룡면 신성리 산28-1

충무사 외삼문

1690년(숙종 16)경 인근 주민들이 사당을 짓고 충무공의 위패를 봉안하고 제사를 지내오던 중 1944년 일본인들이 소각하였다. 1949년에 순천향교 유림들이 성금을 모아 재건하였으며, 다시 1988년에 중건하여 현재에 이르고 있다. 입구에 서있는 문은 동광문으로 충무사 출입문이며, 이 동광문을 지나면 바른편에 영당이 있고, 왼편에 재실이 있다. 배향 인물은 주벽에 이순신을 모시고 양편에 정운과 송희립 장군을 배향하고 있다. 영정은 1957년 이당 김은호 화백이 그린 갑주본으로서 충무사 본전에 봉안하고 있다.

충무사 입구에는 전적비와 각종 기념비가 있다. 입구 왼편 언덕에 위치한 이충무공신성포전적비는 승주순천 이충무공유적보존회에서 1988년 4월 28일 건립하였는데, 비문찬자는 조성도이며, 비문 쓴 이는 전종주이다. 규모는 240×82×46센티미터이다. 또한 입구 왼편에는 각종 기념비가 세워져 있는데 이충무공유적보존과 관련된 사적비와 공적비들이다. 특히 충무사중건사적비는 1988년 6월 건립하였으며, 비글은 광산 김철중이 지은 것이다.

(3) 낙안읍성(사적 제302호)

※ 소재지 : 순천시 낙안면 동서남내리

낙안읍성은 이순신이 임진왜란 시기 방문한 적이 있다. 1596년(병신년) 9월에 전라도 지역을 순시할 때 다녀간 적이 있고, 1597년(정유년) 8월 9일 수군을 정비하러 서진할 때 다시 한번 들른 적이 있다. 아울러 낙안수군은 전라좌수사 이순신 휘하 5관 5포의 구성원 중 하나로 임진왜란 초기부터 이순신을 도와 국난을 극복하였다. 이런 연유로 낙안읍성도 주목을 할 필요가 있다. 낙안읍성은 순천시에 속해 있지만 오히려 보성군 벌교에 가깝다. 이곳은 조선시대 읍성 중 주민이 직접 살고 있는 대표적인 민속마을이기도 하다. 면적은 총 223,108제곱미터(약 67,000평)로 성내 135,597제곱미터, 성외 87,511제곱미터이다.

낙안읍성

이곳 낙안읍성 안에는 복원된 관아 건물들과 함께 수령 300~600년으로 추정되는 노거수 13그루가 남아 있다. 그중 하나가 이순신 장군나무(푸조나무)이다. 이순신이 백의종군하다가 다시 통제사에 복직되어 수군을 정비하기 위해 낙안에 들렀었다. 당시 낙안 관아 건물들은 불타고 백성들은 모두 피란을 간 채 텅 비어 있고 노인들만 남아 있다가 이순신을 보고 통곡을 하며 반기었다고 한다. 이순신은 노인들을 위로하고 성내를 돌아본 뒤 객사에 들러 빙허루에 올라 비통한 마음을 금치 못했다. 그러면서 이순신은 전쟁의 승패는 하늘에 달렸다고 말하며 남아 있던 관료들과 함께 객사 뒤편에 10년생쯤 되는 푸조나무 한 그루를 심고 국운을 기원하는 제를 올렸다. 이때 만일 나뭇잎이 다시 피면 전쟁에서 이길 것이요, 잎이 피지 않으면 패할 것이니 꼭 잎이 피고 전쟁에서 적을 섬멸하고 승리할 것을 다짐했다고 한다.

이순신 장군나무

마을 사람들은 이 나무를 장군나무(將軍木)라 부르기도 하며 신년을 맞거나 어려운 일이 있을 때면, 이 나무를 찾아가 기도를 드리기도 하고 가족들의 건강과 소원을 기원하기도 한다.

10
기타 지역

앞에서 소개한 지역은 이순신과 직접적인 관련이 있는 곳의 유적과 기념 시설을 소개하였다. 이 외에 이순신과 직접적인 관련이 없는 곳으로서 이순신 관련 기념 시설이 설치된 곳도 있다.

(1) 강진 금강사(錦江祠, 전라남도 기념물 제91호)

※소재지 : 전남 강진군 강진읍 영파리

이 사당은 임진왜란 때 활약한 충무공 이순신과 현무공 김억추(1548~1618)를 배향하고 있다. 1800년(정조 24) 도내 유림의 발의로 강진현 금강촌(현 군동면 파산리)에 창건했다가 1868년(고종 5)에 철폐되었다. 1901년(광무 5) 단을 설치하고 제사를 지내다가 1946년 현 위치에 중건하였다. 1981년에 전라남도 기념물 제91호로 지정되었다.

김억추는 강진 출생으로 1578년(선조 11) 무과에 급제하였고 정유재란 때 이순신을 도와 명량대첩에서 활약하였다. 이 때문에 이순신을 주벽으로 하여 김억추를 배향하였다. 김억추에 대해 좀 더 살펴보자.

금강사 본전

김억추의 본관은 청주이고 자는 방로邦老이다. 김억추의 소년시절에 대해서 다음의 설화가 전해온다.

전남 강진군 군동면 파산리에 '금곡사'라는 절이 있는데, 보물 제829호로 지정된 금곡사 3층석탑으로 잘 알려져 있다. 강진현 작천 출신의 김억추가 소년 시절 이 금곡사에서 공부를 했다.

당시 금곡사 중들은 칡넝쿨로 삽바를 만들어 씨름을 하였으며, 밤중이면 큰 바위 밑에서 이상한 것을 꺼내 먹으면서 힘을 길렀다. 그리하여 중들의 힘이 세어지자 차츰 나쁜 짓을 많이 하게 되었다. 그중에 까치내재(강진읍에서 작천을 거쳐 병영으로 넘어가던 고개)를 넘어가는 신혼 가마 행렬을 습격하여 신부를 겁탈하고, 신랑을 죽이며 재산을 강탈하는 행위가 김억추의 눈에 매우 거슬렸다.

김억추는 독학으로 공부하여 틈틈이 중들의 나쁜 행위를 막기 위해 힘을 키우는 큰 바위속의 물건을 찾기 위해 바위를 움직여 보았으나 꼬떡도 하지 않았다. 그러던 어느 날 김억추는 바위 밑에 샘물이 솟는 것을 발견하고는 새풀대롱으로 바위 밑의 물을 빨아 먹으니 곧 힘이 솟아올라 천하장사가 되었다.

이후 힘이 세진 김억추는 중들의 행패를 막기에 이르렀고 불리해진 중들은 그를 죽이기 위해 몰려들었다. 이에 김억추는 중들을 가막쏘로 유인하였다. 그리고 명주실 꾸러미 하나가 다 들어가는 깊은 쏘에서 말을 자기 발등에 올려놓고 씻어 주는 것처럼 꾸몄다. 중들은 멋모르고 깊은 쏘에 달려들어 모두 죽고 말았다.

금강사 입구의 이순신 동상과 김억추 동상

김억추의 일대기를 기록한 책이 『현무공실기』이다. 20세기 초에 김억추의 후손들이 기록한 문집이다. 현무란 인조 대에 조정에서 김억추에게 내려준 시호이다. 이 책에는 김억추가 힘이 센 장사로 명량해전 때 철쇄를 설치했다는 기록이 있다. 그러나 이는 다분히 설화로 보는 것이 사학자들의 공통된 견해이다.

금강사의 신실은 앞면 3칸, 옆면 2칸 맞배집이며 강당은 앞면 5칸, 옆면 2칸의 팔작집이다. 내삼문과 외삼문, 고직사 등이 있다.

한편 금강사 입구에는 이순신 동상과 김억추의 동상이 나란히 세워져 있다. 이는 1974년에 김영섭 씨가 만들어 기증한 것이다. 여기서 김억추의 동상은 다른 동상에 비해 특이하다. 그것은 바로 활을 든 모습을 조각한 것이다. 아마도 조선시대 장수들의 동상 중 활을 든 동상은 김억추 동상은 처음이다. 사실 2015년 해사 이순신 동상이 건립되었을 때 국내 최초로 활을 든 동상으로 인정되었지만, 김억추 동상은 이보다 40년 먼저 활을 든 형태로 만들어졌다는 데 의미가 크다고 할 것이다. 이 동상을 만들 당시의 기획담당자의 역사의식이 매우 훌륭했다고 판단된다.

(2) 광주 무광사(武光祠)

※ 소재지 : 광주광역시 동구 학동 513번지

무광사는 국제고등학교를 창설한 춘담 최병채崔炳釵 씨가 사재를 들여 1957년에 건립하였다. 당시 노산 이은상의 자문을 받아서 이순신을 주벽으로 하고 문열공 김천일金千鎰·금계공 노인魯認·충장공 김덕령金德齡·수은 강항姜沆·충장공 정운鄭運·수사 송희립宋希立을 배향하고 있다.

특히 본전에는 영정과 위패를 같이 봉안하고 있으며, 건물의 형태는 정면 3칸, 측면 2칸의 한식 기와 팔작지붕으로 겹처마이며, 10개의 통나무가 지지하고 있다. 매년 충무공탄신일인 4월 28일에는 춘향제를, 기일인 12월 16일에는 추향제를 지낸다. 현재의 사우는 1998년도에 새로 단청을 하였다.

국제고등학교는 해마다 춘향제와 추향제를 학생들과 봉행하여 충무공의 정신을 학생들의 마음속에 심어주어 인생관 정립에 도움을 준다고 한다. 무광사를 찾기 위해서는 광주시 조선대학교 병원 쪽에 위치한 조선학숙(입시학원)을 통하여 들어가거나, 조선대학교 후문 근처에서 좁은 골목길을 따라 100미터 정도 올라가면 된다.

무광사

(3) 함평 월산사 유허비(月山祠遺墟碑)

※소재지 : 전남 함평군 대동면 향교리 426-3번지

월산사 유허비

월산사는 충무공 이순신과 칠실漆室 이덕일 李德
을 제사지냈던 곳이다. 월산사를 최초 건립
하게 된 배경은 1712년 이덕일의 사당이 이
마을 북쪽에 건립된 데에서 비롯된다.

이덕일 사당의 건립은 그의 충의를 흠모하던 함평 유림(儒林, 유하을 공부하는 사람들)의 발의로 이루어졌다. 그러나 이때의 사당 이름은 월산사가 아니었고 칠실사(다)였다. 그 후 1731년(영조 7)에 이르러 호남 유림과 태학 유생들이 이덕일과 이순신이 임진왜란 중 세운 공과 그들의 인연을 내세워 유적과 가까운 이곳 함평의 월산에 두 분을 제사지낼 것을 건의하여, 현재의 유지(遺址)에 이동하여 건립하였다. 이때 사당의 명칭을 월산사(月山祠)라 개칭하였으며, 이순신을 주벽으로 하였고, 이덕일은 배향위가 되었다.

당시 건립 과정을 보면 인접한 나주·능주·영광·무안·남평·화순 지역의 유림들이 이건에 호응하였고, 함평현감 홍약수(洪若秀)는 사당 건립에 필요한 재목과 인부들을 동원하였다. 특히 이건 시 이덕일과 이순신의 관련성이 부각되어 다시 한번 이덕일의 행적과 충의가 확인되었고, 이건과 함께 강당인 경충당(景忠堂)과 동재 수도제(守道齊), 서재 강의제(講義齊)가 건립되었다.

이렇게 사당 이름을 월산사로 바꾸고 이순신까지 합향하면서 건물까지 규모 있게 건립한 월산사는 이후 함평의 유력한 서원세력으로 성장하였다. 현재로서는 이와 관련된 자료들이 모두 없어졌기 때문에 밝힐 수 없다. 다만 이건 직후인 1732년(영조 8) 칠실공의 유고가 4책으로 편찬된 것은 그 같은 활발한 움직임을 예고하는 것이기도 하였다.

그러나 사실상 1737년 전 함평현감 박필재(朴弼載)의 「경충당기」 이후에는 월산사와 관련한 자료가 더 이상 확인되지 않는다. 이후 130여 년이 지나 월산사도 대원군의 서원철폐령으로 훼철되었으며, 1911년에 이르러 후손들이 사우터에 유허비를 건립, 제향해 왔었다.

그러다가 일제 말엽인 1940년경 왜경에 의해 이 비가 폐지될 운명에 처했던 것을 후손들이 진정하여 매안(埋安, 신주를 무덤 앞에 묻음)하는 것으로 위기를 넘겼다. 광복되던 해인 1945년 11월 다시 유허비를 꺼내어 재건하는 우여곡절을 겪어야 했다. 그

후 수십 년간 이 유허지에는 사우의 초석과 유허비만이 쓸쓸히 서 있었다.

다행스럽게도 2003년 9월 '월산사정화사업추진위원회'가 구성되어 월산사 복원 사업이 이루어졌다. 총 4단계 사업 중 3단계까지 완료하여 경내에는 사당, 경충당, 내외삼문 등의 건물들이 복원되어 있다. 현재 복원된 월산사 정문 앞 왼쪽 편에는 월산사 유허비가 세워져 있다.

복원 중인 월산사 내부

5부

경상남도
: 전승을 거둔 해전지

경상남도와 이순신

임진왜란 7년 기간 중 이순신이 가장 많은 활동을 한 곳이 바로 현재의 경상남도 해역이다. 임진왜란이 벌어진 해 5월 4일 현재의 전남 여수를 출항하여 경상도 지역에서 해전을 시작한 이후 많은 해전들이 경상도 바다에서 벌어졌다. 더욱이 1593년 8월 삼도수군통제사제도가 시행된 이후 이순신은 전라좌수영보다는 한산도에 주둔하면서, 일본군의 해상 서진을 차단하는 임무를 수행하였다. 그런 형태의 활동이 이순신이 통제사에서 파직되던 1597년 2월까지 지속되었다.

한편으로 1597년 4월 1일 옥에서 풀려난 이순신이 초계(현재의 합천군 율곡면) 도원수부에서 백의종군을 위해 그해 5월 26일 경상도 하동에 도착한 후, 60여 일간 경남 지역에서 보냈다. 따라서 경상남도는 이순신의 주 해전지가 위치한 곳이며, 백의종군의 흔적도 남아 있는 곳이다.

거제 : 임진왜란 첫 해전 승리를 일구다

거제는 이순신이 처음으로 전투한 옥포해전지를 비롯하여 많은 해전지가 있다. 아울러 이순신이 이끈 조선 수군이 부산 쪽으로 이동 시, 항상 중간 기항지로 활용했던 곳이 거제의 주요 항구였다. 한편으로 통제사 원균이 이끈 조선 수군이 일본군에게 큰 피해를 당한 칠천량해전지가 위치한 곳이며, 임진왜란 기간 중 전략적 요충지임을 인지한 일본군이 장기 주둔 장소로서 활용한 왜성이 다수 축성된 곳이기도 하다.

(1) 옥포해전지(옥포대첩 공원)

※소재지 : 경남 거제시 옥포2동

옥포해전지 전경

　임진왜란 중인 1592년 5월 7일 전라좌수사 이순신과 경상우수사 원균이 공동으로 작전을 진행하여, 현 대우조선해양이 위치한 옥포만에서 일본군선 30척 중 26척을 분멸시켰다. 이것이 옥포해전이며, 옥포해전은 임진왜란의 첫 승첩으로 이후의 전황을 유리하게 전개시키는 계기가 되었다. 이 옥포해전을 기념하여 거제시에서 조성한 공원이 옥포대첩 기념 공원이다.

　옥포대첩 공원은 1991년 12월 조성이 시작되어 1996년 6월에 준공되었다. 총 부지는 3만 3천평(10만 9,398 제곱미터) 규모이다. 그런데 옥포대첩 공원이 조성되기 전에도 옥포해전을 기념하는 시설물이 세워졌다. 바로 옥포해전 기념탑이 1957년 6월 12일 대우조선해양 건물이 있는 곳에 건립되었으며, 1963년에는 옥포정도 세워졌다. 그 후 1973년에 옥포조선소가 들어서며 기념탑과 옥포정을 아주동 탑곡마을로 이건하였다. 그러나 주변이 협소하여 1991년 12월부터 현 위치에 재건하기 시작하였다.

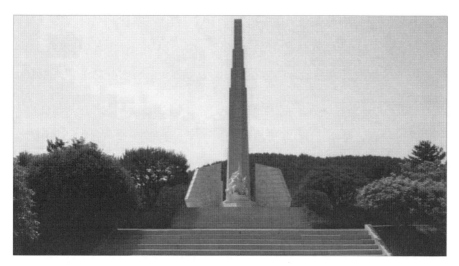
옥포대첩기념탑

참배단

　현재 옥포대첩 공원 내에는 1999년에 지은 효충사와 거충사, 전시관, 옥포루, 팔각정, 높이 30미터의 옥포대첩기념탑, 참배단 등이 있다. 이중 '충忠' 자를 형상화한 참배단에는 이순신의 영정이 있다. 전시관은 옥포해전 당시의 해전도 등 이순신과 관련된 유물을 전시하며, 옥포루는 전망대를 겸하고 있는 팔각정자이다. 공원에서는 매년 이순신의 제례행사가 열리며, 6월 16일을 전후하여 약 3일간 옥포대첩기념제전이 열린다. 옥포루에 올라 옥포만을 바라보면 옥포해전이 연상된다. 개원 시간은 오전 9시부터 오후 6시(동절기 5시)까지이다.

한편 대우조선해양이 위치한 곳 인근 부두에는 2013년에 거제시에서 건조한 거북선 1척이 정박해 있다.

공원 내 기념관

(2) 율포해전지(구율포성)

※ 소재지 : 거제시 장목면 율천리 325-1 외 78필

임진년 제2차 출전에서 4번째로 치른 해전이 율포해전이다. 1592년 6월 7일 이순신, 이억기, 원균이 이끈 조선 수군이 연합하여 웅천땅 시루섬瓶島에 이르러 주변을 탐색한 후 정오경에는 영등포 앞바다에 이르렀다. 이때 율포에서 부산 쪽으로 도망

가는 일본의 대선 5척과 중선 2척을 발견하고 역풍을 받으면서 추격하여 이들을 모두 분멸시켰다.

율포해전지를 바라보는 곳에 위치한 곳이 율포진성이다. 오늘날 구율포성이라고 부른다. 율포성의 규격과 크기는 주위 900척, 높이 13척, 현존 둘레 360미터, 높이 3미터, 폭 3.4미터의 석축성이다. 율포진에는 권관이 근무했는데 임진왜란 초기 박찬종이 권관 역할을 수행하였다.

구율포성의 흔적

구율포성의 지리적 위치에 대해 살펴보자. 거제의 북악인 대금산이 중금산성 쪽으로 뻗어내려 대금마을에서 바닷가에 멈추었고, 율천산이 중금산과 마주하여 그 아래 완만한 평지를 이루어 놓았다. 이곳이 율천마을이다. 율북의 앞산이 왼쪽으로 성을 엄폐하고 있어서 바다 쪽에서 볼 때 이 성이 있는 줄 모른다. 예전에는 율천내가 바다와 접해 있을 정도로 바닷물이 마을 앞까지 들어왔다고 한다. 그래서 이 성이 거제의 북단을 경계하는 데 중요한 지점이었을 것으로 보인다. 바다 건너는 진해 웅천성과 부산포이며 일본 대마도와 마주한 곳이다.

장목면 소재지에서 동남쪽 얼마 안 되는 지점이며 동쪽을 제외한 삼면이 산으로 둘러싸인 계곡부분이다. 현재 성 바깥에는 민가가 들어섰고, 내부는 경작지로 사용되는 등 주변이 많이 변했으나, 남쪽 것은 옹성 부분이 그대로 존재하고 북쪽 것은 겨우 흔적만 발견될 정도이다. 주민들에 의하면 나머지 동쪽과 서쪽에는 문지가 있었다고 전하지만 훼손이 심하여 확인되지 않는다. 또 문지 주변이나 사우에 배치하는 치성과 체성 바깥의 해자도 훼손으로 확인할 수 없다.

조선 후기 1664년(현종 5)에 동부면 율포리로 진이 옮겨갔으며, 1688년(숙종 14)에는 다시 가라산 아래로 이동하였다가, 1724년(경종 4)에 다시 장목면 율포로 돌아왔다. 이때부터 장목면 율포를 구율포라 하고 동부면 율포를 신율포라 했다. 지명이 혼동되어 장목면 율포는 뒷산의 지명과 앞 계천 지명을 따서 율천이라 했다.

축성방법은 조선 전기의 해안변 읍성이나 관방성과 같은 것이다. 특히 인접한 옥포성이나 지세포성과는 동일한 성이다. 축조시기도 같을 것으로 생각된다.

(3) 가배량(加背梁) 경상우수영지

※ 소재지 : 거제시 동부면 가배리 산17-1 외 2필지

가배항은 항구가 좁고 길며 항구 바깥에는 한산도가 가로막고 있어서 풍랑을 막아준다. 부산에서 한려수도 뱃길인 한산도 앞바다에서 이 항구로 올 수 있고 대한해협의 일본 쪽에서도 이 항구로 들어올 수 있다. 해상교통의 중심지이다. 한산도, 욕지도 등이 항구를 막고 있기 때문에 이곳에 항구가 있는 줄 모른다. 어느 쪽에서 어떤 바람이 불어와도 항구에서 받는 바람의 영향은 없기 때문에 선박의 정박지로 좋은 곳이다. 그야말로 함선의 정박과 운용에 매우 중요한 곳이므로 조선시대 경상우수영이 설치된 곳이다.

오아포

이 항구를 까마귀 개浦라 부른다. 까마귀 개란 데서 오아포烏兒浦란 이름이 생겼다. 가배량진은 임진란 당시 경상우수영이 있던 곳으로 당시는 가배량진이 아니고 오아포였다.

가배량성지. 실제는 경상우수영 성지

이 성은 1488년(성종 19) 6월 경상우도수군절도사영성으로 축조하기 시작하여 1491년(성종 22)에 완공 사용하게 되었다. 가배량진은 원래 고성 남쪽에 있던 진이었다. 지금의 통영시 도산면 오륜리이다. 이 성이 가배량성으로 명칭된 것은 1603년(선조 37) 통제영이 현재의 통영으로 옮긴 뒤, 고성에 있던 가배진이 이곳에 옮겨진 후부터 가배량진이라고 불렀다.

이 가배량진은 소비포진과 영등포진과 더불어 수차에 걸쳐 옮겨진 것이다. 가배량성은 장방형에 가까운 형태의 체성이다. 체성이 부분적으로 남아 있는 곳은 남쪽과 북쪽이며, 나머지 부분은 대부분 훼손되고 없다. 잔존 부분에 의하면 체성 주위는 해자를 두르고 체성 곳곳에 각루와 적대 등 치성을 배치하였다. 해안쪽에 문지(門址)를 두는 등 조선 전기에 축조된 평지읍성이나 관방성과 동일한 특징을 가지고 있다.

지금 남아 있는 성의 둘레는 146미터이며, 성벽의 최고 높이는 4미터이고, 최대폭은 4.5미터이다. 그리고 서쪽과 남쪽의 일부에는 적의 공격으로부터 성을 지키기 위한 시설인 호가 파져 있다. 서남쪽 산봉우리에는 망대의 터가 남아 있으며, 통제영의 관아가 있었던 곳에는 아직도 주춧돌이 남아 있다.

(4) 장문포해전지

※ 소재지 : 거제시 장목면 장목리 산130-43

장문포는 장목면 장목항을 말한다. 1594년 9월 29일과 10월 4일 2차례에 걸쳐 해전이 벌어진 곳이다. 이를 장문포해전이라고 부르는데, 사실은 장문포왜성에 주둔하고 있던 일본군을 공격하는 일종의 상륙전이 주 전투였고, 조선 수군은 장문포항에 정박하고 있던 일본군선을 2척 분멸시킨 전과를 거두었을 뿐이다. 이 해전은 조선 수군이 승리한 것도 패배한 것도 아닌 어정쩡한 결과를 보인 해전이다.

해전이 있었던 장문포는 좁고 긴 지형적 특성으로 거제의 관문으로 보기 때문에 그 의미를 담아 장문포長門浦라 한다. 하청면에서 장목으로 가는 도로를 따라 가면 장목면 매동마을이 나온다. 그 마을 고개에서 왼쪽 바닷가로 가는 산길이 있다. 이 산길을 따라 가면 군항포다. 임진왜란 때 일본군함이 주둔했다고 해서 군항개라고 도 부른다. 이 산 뒤 정상에 장문포왜성이 있다.

장문포왜성의 흔적

장문포왜성은 장목항의 서쪽에 솟아 있는 산에 위치해 있다. 산으로 난 도로는 마을로 내려가는 도로와 임도가 있다. 이 임도를 따라가면 산 능선을 잘라 길이 나 있는 것을 확인할 수 있다. 길이 나면서 성벽 일부를 잘랐다. 오른쪽 능선을 따라 비스듬히 성이 쌓여 있는데 외성과 내성의 형태로 쌓여 있다. 이 성은 1594년 5월부터 일본군 장수 봉수하가정蜂須賀家政과 생구근정生駒近正이 쌓았다고 한다. 성곽 주변에 수목이 우거져 있고 이 성을 이용하여 일본이 러일전쟁 때 포대를 설치한 흔적도 남 아 있다.

남아 있는 성의 형태는 정상에 남북으로 길게 배치되어 있고 정상 중앙에 본환왜 성의 최고 중심부을 두고 그 좌우에 이지환과 삼지환을 배치하였으며, 길게 토축된 곡 륜으로 연결된 북쪽 끝에 다시 지휘소를 배치하고 있다. 정상 주위에는 성벽이 잘 남 아 있다. 주위에는 기와편이 많이 널려 있는데 조선 후기에는 이곳 장문포에 수군진 장목진을 설치하여 왜구침략에 대비하였다.

(5) 영등포해전지(영등포성)

※ 소재지 : 거제시 장목면 구영리 1249 외 2필

영등포해전은 1594년 10월 1일 벌어진 해전이다. 당시 장문포왜성을 공략하기 위해 조선 수군이 상륙군을 승선시켜 상륙시켰는데, 장문포의 적을 영등포의 일본군이 돕지 못하도록 경계하는 차원에서 벌어진 전투가 영등포해전이다. 영등포해전에서 조선 수군은 뚜렷한 전과를 거둘 수 없었다. 일본군들이 포구 밖으로 나와 대응하지 않았기 때문이다. 다만 적들로 하여금 장문포를 지원하지 못하도록 견제하는데 성공하였다.

영등포해전지가 보이는 곳에 위치한 것이 바로 영등포진성이다. 영등포진성은 오늘날 구영등성인데 장목면 구영리마을 뒤에 있다.

구영등포성에서 바라본 영등포해전지

이곳은 거제도 북단에 위치하여 부산·진해·마산항과 연결되어 있으며 일본의 대마도와 연결되는 중요한 해로의 요충지이다. 이런 지형적 여건 때문에 이곳은 군사적으로 중요한 곳이었다. 그랬기에 이순신은 조선 수군함대의 중간 기항지로 적극 활용하였다.

영등포진은 조선 후기인 1623년(인조 원년)에 둔덕면 영등진으로 옮겼다. 그 후부터 이곳을 구영등이라 하고, 둔덕의 영등을 신영등 또는 영등이라 한다. 구영등성은 평지 석축성이다. 1470년(성종 원년) 축성하여 종4품의 만호를 두어 방어하게 했다. 주변에 영등왜성, 구율포성, 송진포왜성, 장문포왜성 등 성곽 유적이 많이 분포하고 있다.

현재 성지는 해안에 위치한 구영마을 남쪽의 야산기슭에 평면 타원형으로 축조되어 있다. 체성 내외는 경작지와 민가가 자리하고 있다. 현존하는 체성은 대부분 훼손되고 겨우 기단부만 존재한 상태이지만, 구조와 축조 방법은 어느 정도 확인 가능할 정도이다. 현재 남아 있는 규모는 길이 550미터, 높이 3미터, 폭 4미터 정도이다.

성 북쪽은 구영마을의 민가와 접하고 있고 성벽 위로 길이 나 있다. 길 아랫마을 쪽에 체성이 남아 있는데 기단과 성벽이 1.5미터에서 2미터 정도의 높이로 견고하게 남아 있다.

길 입구에 반원형 편문便門(통용문 또는 뒷문)이 있었지만, 도로를 확장하면서 일부는 묻혀지고 일부는 허물어졌다. 그리고 성벽 위에 교회와 민가가 있다. 동쪽과 서쪽 성벽은 기단석이 없어진 곳도 있고 어떤 곳은 기단이 잘 남아 있다. 대봉산 쪽의 남쪽 부분은 기단을 비롯하여 성곽 일부가 잘 남아 있다.

성의 규모에 대해 『성종실록』에 의하면 '영등포보의 좌향은 동쪽으로 향했고 둘레는 1,618척, 남북의 길이는 400척, 동서의 넓이는 268척, 보내는 계천이 2곳 있었다.'라고 기록되어 있다.

(6) 칠천량해전 공원

※소재지 : 거제시 하청면 칠천로 265-39

　칠천량해전 공원은 임진왜란 당시 조선 수군의 패전으로 기록된 칠천량해전의 의미를 되새기는 기념 공원이다. 칠천량해전은 1597년 7월 16일 일본군 700여 척과 조선 수군 160여 척이 교전을 벌여서 조선 수군이 크게 패한 해전이다. 이 해전은 최초 칠천량에서 시작되어 진해만 전역으로 확전되었는데, 해전의 결과 조선 수군은 미리 탈출한 경상우수군 소속의 전선 10여 척만 보전되었을 뿐이다. 이렇게 크게 패한 이유는 당시 부산 앞바다까지 진출했던 조선 수군이 극히 피로한 가운데, 칠천량에 정박한 후 야간에 일본 수군에 의해 포위당했다가 새벽부터 벌어진 전투에서 제대로 전력을 발휘하지 못했기 때문이었다.

　칠천도와 거제도 사이의 바다를 칠천량이라고 부르는데 해전이 처음 시작된 이곳을 내려다보는 언덕에 기념 공원을 조성하였다. 이 기념 공원은 2006년 경상남도의 이순신프로젝트 사업 중 하나로 선정되어 조성하기 시작했는데, 패전의 기억을 싫어하는 일반인들의 보편적 심리 때문에 많은 우여곡절을 겪었다.

칠천량해전 공원 전시관

그러나 최근 들어 관광과 여행의 흐름에 생겨난 변화로 이곳을 찾는 관광객들이 늘어나고 있다. '어두운 기억도 살려서 교훈으로 삼아야 한다'는 시각이 크게 부각된 것이다. 흔히 '다크투어리즘'이라는 것으로, 이는 말 그대로 어둡고 아픈 과거도 돌아보아야 한다는 개념이다. 이런 흐름 속에서 수년간의 공사 끝에 지난 2013년 7월 칠천량해전 기념 공원이 개장되었다. 총 부지면적은 8,500제곱미터(약 2,576평)이고 건물 면적은 930제곱미터(약 282평) 규모이다. 여기서 건물은 주로 전시관을 말한다.

전시관 내부 구성은 7개의 주제관으로 이루어졌다. 역사의 메아리(임진왜란해 참사), 기억의 메아리(조선 수군을 만나다), 회한의 메아리(칠천량해전의 배경), 아픔의 메아리(칠천량에서의 패배), 부활의 메아리(칠천량해전의 결과), 칠천의 메아리(이야기가 있상다), 치유의 메아리(추모의 바다)로 구성되어 있다.

3 사천 : 거북선의 첫 출전지

사천은 임진왜란 당시 진주성을 지키는 해상관문 역할을 한 곳이다. 이순신이 이 끈 조선 수군이 거북선을 처음으로 참전시킨 사천해전으로 잘 알려져 있다. 아울러 이순신이 경상도 지역 순시 시 주요 기항지로 활용된 곳임을 『난중일기』를 통해 확 인이 가능하다. 한편으로 정유재란 시기 조명연합군의 사천왜성 공격전이 벌어졌던 곳이기도 하다.

(1) 사천해전지

※ 소재지 : 경남 사천시 용현면 선진리 앞 해상

1592년에 있었던 조선 수군의 4차례 출전 중 2번째 출전의 첫 번째 전투인 사천해 전이 벌어진 곳이다. 전라좌수사 이순신은 사천에 다수의 왜군이 주둔하고 있다는 소식을 듣고 여수를 떠나 사천포로 향했다. 동년 5월 29일에 있었던 이 해전에서 이 순신은 처음으로 거북선을 사용하여 13척의 적선을 분멸하였다.

사천해전지를 바라보는 언덕에 세워진 해전상황도

　당시의 전황보고서를 요약하면 다음과 같다. 왜선 1척이 먼저 곤양에서 나와 사천을 향하여 기슭을 타고 가는 것을 쫓아서 방답첨사 이순신과 남해현령 기효근이 추포, 격침시켰다. 그 후 사천선창을 바라보니 누각같은 왜선 12척이 언덕 아래 열박해 있었고, 왜군 400명이 장사진으로 진을 치고 있었다. 적을 쳐부수려고 했지만 화살이 미치지 못했고, 썰물이 되어 물러 나와야 했다. 그래서 적을 한바다로 유인하는 작전을 펼치자 적은 반은 배를 지키고 반은 쫓아 나왔다. 그리고 마침 밀물이 시작되었다. 공격은 먼저 거북선을 적선 있는 곳으로 돌진시켜 여러 종류의 총통을 쏘았고, 이어서 가까이 다가가 적선을 당파하였다. 상호간에 치열한 공방전이 벌어졌다. 그리하여 왜선 전부를 깨트리고 불태웠다. 그리고 남겨둔 소선 2척을 다음 날(6.1) 불태웠다. 따라서 사천해전에서 분멸시킨 적선은 모두 15척인 셈이다.

　위와 같은 사천해전 설명문이 사천해전지를 내려다보는 선진리성 언덕에 세워져 있다. 하지만 나무가 울창하여 해전지를 제대로 조망하기가 어려운 형편이다.

한편 사천해전 승리를 기념하는 기념비가 역시 선진리성 내에 위치하고 있다.

이충무공사천해전승첩기념비

(2) 선진리왜성

※ 소재지 : 사천시 용현면 선진리

일본군은 사천에서 거제와 남해로 통하는 수로상의 요충지인 선진의 바닷가에 바로 접해 있는 낮은 구릉을 보루로 삼기 위해 그곳에 성을 신축하였다. 사천 신성은 1597년 겨울에 도요토미의 명에 의해서 모리·시마즈·이케다·나카가와·다카하시 등이 담당하여 새로 쌓은 왜성이다. 삼면은 바다에 임하고 동쪽 일면만 육지로 통하는 곳인데, 이곳에는 호를 파서 바닷물을 통하게 하였다. 성안에는 천수대를 두고 외석벽에는 목책을 둘러 견고히 하였으며, 성을 4층으로 하여 문루를 비롯하여 병사, 마굿간, 창고, 병기에 이르기까지 완비되지 않은 것이 없었고, 또한 성 밑에는 함선 수백 척을 항상 정박시켜 군량과 보급물자 운항에 편리하게 하였다. 이 사천왜성을 당시 조선에서는 '법질도', '신채' 또는 '동양창'이라고 지칭하였다.

선진리성 입구

　사천왜성 공격에 참가한 조명연합군은 일본군에 크게 패했다. 따라서 전투결과 법질도왜성, 당병무덤, 당병소, 병둔, 동양, 왯골, 왯등, 피다리 등의 기구한 지명들이 생겨났는데, 당시 치열했던 전투의 생생한 흔적들인 것이다.

　일본군은 당시 대체로 평산성식에 의하여 축성하였다. 평산성은 그 본성을 산성 또는 구릉에 설치하고 외곽이 평단개활지에까지 뻗치는 것을 말한다. 그런데 왜성의 위치는 남해안의 요소要所로 선정하되, 반드시 강이나 바다에 근접해 있는 독립된 구릉을 택하였다. 그 이유는 대병의 집중과 그 급양을 용이케 함을 고려하고 거기에 다 산성의 특징인 요해를 겸하게 하는 이점이 있기 때문이다.

　당시 축성된 평산성식 왜성의 구조는 대체로 구릉의 가장 높은 곳을 선정하여 '본환'으로 삼고 본환을 둘러싸고 '이지환', '삼지환' 등의 복곽을 축조하였는데 이것이 본성이다. 본성은 대부분 석벽으로 구축하였으며, 그 위에 옥개가 있는 담을 쌓았다. '본환'의 최요부에는 서너 층의 천수각을 세웠으며, 그 밖에 병사兵舍,

무기고, 물자창고 등의 건물도 세웠다. 본성을 둘러싸고 참호(대체로 깊이 5미터, 밑마다 너비 2~3미터)를 만들고, 그 흙으로 토루를 쌓아 그 위에 목책을 세웠는데, 이것이 외곽이다.

선진리왜성 천수각 부분

현재 이 왜성을 어느 정도 복원하였다. 이전에는 천수대였던 곳으로 보이는 가장 높은 고지의 석축만이 비교적 보존상태가 양호할 뿐, 사방의 성벽은 대부분 옛 모습을 잃은 채 군데군데 석축의 잔해가 노출되어 보일 뿐이었다. 이처럼 선진리왜성의 보존상태가 좋지 못했던 것은 도요토미의 사망으로 1598년 11월 중순에 왜군이 철수한 직후, 명군에 의해 성의 내부 시설이 불타 없어진 데다가 이 성이 일본군이 쌓은 것이고 또 조명연합군이 이 성을 공격하다 참패를 당하였기 때문에, 그동안 수치스런 역사의 현장으로 인식되어 관심의 대상이 되지 못했기 때문으로 사료된다.

그런데 이 성이 일제강점기에는 식민지 당국에 의해 왜군의 전승지라 하여 관심을 끈 적도 있었다. 즉 당시의 전승을 기념하는 뜻에서 이 성터를 공원으로 조성하고 그곳에 1천여 그루의 벚나무를 심었는데, 이것이 오늘날 고목으로 남아 있다.

(3) 조명군총

※소재지 : 사천시 용현면 선진리 402번지(기념물 제80호)

이 군총은 사천읍에서 서남쪽으로 국도 3호선과 시·군도를 따라 약 7킬로미터 지점인 선진리성에 이르는 도로의 어귀에 자리하고 있다. 면적은 총 1,534제곱미터(약 465평) 규모이다.

조명연합군총

1597년(선조 30) 정유재란丁酉再亂 때 사천신채(泗川新寨 : 현 선진리성) 전투에서 일본의 시마즈島津 군을 몰아내기 위해 1598년 10월 1일 조명연합군朝明聯合軍이 신채를 포위하고 최후의 혈전을 벌였는데, 이때 산화한 수많은 전사자의 시신屍身이 묻힌 무덤이다.

무덤은 본래 사방 20칸(36재곱미터)의 방형분묘方形墳墓로서 '당병무덤'이라 했는데 흔히 '댕강무데기'라고도 불렀다.

그런데 일제강점기에 일본인들이 선진 공원船津公園을 조성하면서 무덤 앞을 지나는 도로를 개설하고 일부 붕괴된 무덤을 수축한 다음, 그 위에다 〈당병공양탑唐兵供養塔〉이라 새긴 높이 1미터쯤 되는 표석을 세웠는데 8·15 광복 후 없어졌다.

이렇듯 세상의 영욕과 성쇠를 바라보면서 근 4백 년 동안 잊혀져 온 이 무덤에 묻힌 이들의 넋을 기리고 현창顯彰해야 한다는 여론이 지역사회 일각에서 일어났다. 이에 1983년 사천문화원의 창립을 계기로 당시 사천군민과 출향인사들이 뜻을 모아 무덤을 정화하고 전몰 제385주년을 맞는 1984년 11월 4일, 높이 2.12미터의 '조명연합군전몰위령비朝明聯合軍戰歿慰靈碑'를 세우고 제막식과 함께 영령을 추모하는 의범儀範을 비로소 가졌다. 그리하여 1985년 11월 지방문화재로 지정되면서 '조명군총朝明軍塚'이란 이름으로 명명命名되어 오늘에 이르고 있다.

매년 10월 1일 제사지내는 선진사

교육용 기념관 덕승관(德勝館)

당시 명나라 군의 전사자는 최소 7천에서 최고 8천 명이 희생된 것인데, 당일 전투에서 이처럼 많은 전사자를 내었다는 것은 전사상戰史上 유례없는 희생이 아닐 수 없다. 그런데 승자인 일본 측 기록에는 한술 더 떠서 명군의 전사자 "38,717명의 수급을 묻고 무덤 위에 소나무를 심어 경관京觀이라 했다."고 떠벌리고 있다. 여기서 '경관'이란 큰 구경거리라는 뜻으로, 전공戰功을 보이기 위하여 적의 시체屍體를 높이 쌓고 크게 봉분封墳한 것을 말한다. 이 두 기록에서 일본 측의 '3만 8천' 운운은 승자의 입장에서 과장된 숫자일 수밖에 없다. 그것은 당시 싸움에서 연합군의 희생이 물론 컸지만 전투에 투입된 전체 병력의 수가 3만도 채 안 되었기 때문이다.

일본 측 기록인『도진중흥기島津中興記』에는 당시 일본군은, 조명연합군 전사자의 목을 베고 그 코를 잘라 10개의 큰 나무통에 담아 소금으로 저장하여 전공 공물로 본국에 보냈다고 한다. 양측의 기록에 3만 명 이상의 큰 차이를 보이고 있다.

일본군은 조명군의 전사자를 선진리왜성 부근에 사방 15간의 땅을 파고 묻었다. 20여 일이 지나자 악취가 나고 구더기가 들끓어 다시 현재의 사천시 용현면 선진리 402번지 자리에 사방 20간의 땅을 파서 묻고 큰 무덤을 만들어서 그 위에 소나무를 심어 표시하였는데, 이를 '경관'이라 하였다. 이 옮긴 무덤이 원래는 '당병무덤'이라 전해 오다가 뒤에는 속칭 '댕강무데기'라 불려 왔다.

이렇듯 역사의 산 교장敎場으로 삼기 위해 사천문화원에서는 1991년 도비보조금 5천만 원으로 민간 소유의 묘역을 양도받아, 군총 위의 민묘 1기를 이장시키고 또 무성하게 자란 소나무를 제거하는 등 현재의 모습대로 말끔히 복원하였다.

오늘날 조명군총에서는 해마다 음력 10월 초하루가 되면, 사천시가 지원하고 문화원이 주관하여 연례행사로 위령제를 모셨는데, 최근에는 양력으로 바꾸어 10월 1일에 향사를 봉행한다.

(4) 모충 공원(모자랑포)

※ 소재지 : 사천시 송포동 산161-5

모충 공원模忠公園은 충무공을 본받자는 뜻에서 2010년에 조성하였다. 모충 공원의 앞바다는 난중일기에 나오는 모자랑포이다. 이순신이 거북선을 처음으로 출전시켜서 싸운 사천해전에서 적선 13척을 분멸시킨 후, 모자랑포에서 밤을 보낸 기록이 있다. 이순신은 사천해전에서 입은 어깨 관통상을 이곳에서 쉬면서 치료했다고 추정하고 있다. 이 모자랑포를 바라보는 거북등같이 생긴 산자락에 조성한 공원이 모충 공원이다.

당시 모자랑포의 정확한 위치 비정은 어렵지만 대개 거북등에서 300여 미터 떨어져 있다. 거북등은 각산角山의 한 줄기가 돌출하여 강지 바다로 이어내린 곳이다. 거북등의 서북쪽, 바로 밑이 장자곡이란 곳인데 강지바다를 한 눈에 볼 수 있는 초소 역할을 하였다. 거북등은 이와 같이 사천해전과 연고 깊은 곳이기에 이순신의 전공을 기리기 위해 광복 후 많은 인사들이 여기에 추모 기념비를 세웠다.

추모 기념비의 정식 명칭은 '성웅이순신공덕기념비'이다. 이는 순 한글로 오른쪽에서 왼쪽으로 새겨져 있다. 글은 설의식(1900~1954, 언론인, 평론가이며 『난중일기초』를 펴낸 바 있음)이 지었으며, 글씨는 이화여고 재학 중이던 김현순 소녀가 썼다고 새겨져 있다. 이 추모비의 건립연도는 단기 4285년(1952년) 음력 11월 19일로 되어 있다. 1952년은 임진왜란 발발 6주갑(360년)이 되는 해로 전국적으로 관련 기념 행사를 추진한 바 있다.

그 후 모충 공원에는 또 하나의 기념 시설이 세워졌는데 바로 이순신 동상이다. 이 동상은 삼천포 모충라이온스클럽에서 국제헌장전수기념 봉사사업으로, 1996년 2월 26일에 건립공사를 시작하여 1997년 2월 26일에 준공하였다. 왼쪽 팔로 칼을 든 갑주상으로 조각된 동상이다.

성웅이순신공덕기념비와 이순신 동상

사천시에서는 이 두 가지 기념 시설이 설치되어 있는 이곳을 단장하여 2010년 10월에 모충 공원을 조성하였다. 이순신의 구국정신을 민족정신으로 승화시키고 승전으로 이끈 사천해전 전승기념비를 길이 보전하고 기념하는 한편, 시민의 정서적 추모의 휴식공간으로 활용하기 위해서라고 안내판에 씌어져 있다.

(5) 대방진굴항(경남 문화재자료 제93호)

※ 소재지 : 사천시 대방동 251

굴항掘港이란 굴강掘江이라고도 부르는데 수군진이 있던 곳에 반드시 존재했던 선소船所의 내부 시설 중 하나이다. 대방진굴항大方鎭掘港은 수령 200년의 팽나무와 소나무가 이루는 숲 가운데 만들어진 면적 2,000제곱미터(600여 평) 규모의 인공항구이다. 임진왜란 때 대방진大方鎭이 있었다 하여 대방진굴항이라 부르게 되었다.

대방진굴항의 뒤로는 각산을 등지고, 앞산에는 대방등대가 있으며, 앞에는 한려

해상국립 공원에 속하는 학섬에 백로와 왜가리의 서식지와 선사유적지로 알려진 늑도가 있다. 옛날에는 수군의 요지였으나, 현재는 관광명소로 각광을 받고 있다.

대방진굴항

고려 말 왜구들의 침입이 빈번해지면서 이를 막기 위하여 현재의 굴항 부근에 구라량영仇羅梁營을 설치하였다. 조선조에 이르러 세종 때 구라량영이 고성의 사도蛇島로 옮겨감에 따라 폐영廢營 되어 소규모의 선진船鎭으로 남아 있다가, 조선시대 말경 순조(1801~1834년) 때 진주목 관하 남해 창선도의 적량첨사赤梁僉使와의 군사연락과 왜구 방비를 위해 대방선진大芳船鎭을 설치하였다. 선진에는 병선의 정박지로 사용하기 위하여 둑을 쌓아 활처럼 굽은 만彎을 만들고 굴항掘項을 설치하였다. 굴항의 축조공사에는 진주관아 73개의 면민이 동원되어 1820년경에 완공하였으며, 굴항 북편에는 수군장이 거처하는 동헌과 많은 관사들이 있어 수군촌水軍村을 이루었고, 잡곡을 포함한 환향미還鄕米 2만여 섬을 저장한 선진창船鎭倉도 있었다. 현재는 새로이 복원된 모습이고 주민들이 선착장으로 이용하고 있다.

대방진굴항 옆의 이순신 동상

　지금은 호암석축護巖石築을 쌓고 주위를 정화하여 선착장으로 사용하고 있으며, 이순신의 동상이 세워져 있다. 이 동상은 1978년 5월 20일에 삼천포청년회의소가 주관하여 세워졌다. 이 동상의 뒷면에는 노산 이은상이 지은 다음과 같은 글귀가 새겨져 있다.

　여기에 계신 이 어른은 우리 겨레와 함께 영원히 같이 가시는 거룩한 지도자 충무공이시다. 그는 오색찬란한 역사의 면류관이요, 영원히 꺼지지 않는 민족의 태양이니 진실로 우리들의 자랑이요 또 힘이요 생명이시다.

(6) 노산 공원(이순신 동상)

　※ 소재지 : 사천시 서금동 101-64

　노산 공원은 1956년 사천이 시로 승격되면서 도시계획에 따라 시내 남쪽 노산에 마련한 공원이다. 산책로를 따라 정상에 오르면 팔각정과 시민휴게실이 있다. 팔각정

전망대에 오르면 와룡산 각산 등의 산과 사천 시가지, 삼천포항, 한려수도의 크고 작은 섬들이 내려다보인다.

　이 공원 시설의 하나로 이순신 동상이 우뚝 서 있다. 이 동상은 1973년 3월 30일 삼천포 어민협의회에서 건립한 것으로 사천에 있는 3기의 동상 중 가장 큰 규모이다. 동상 형태는 창원 진해구의 북원 로터리의 이순신 동상과 같이 갑주를 착용한 가운데 두 손으로 칼을 맞잡은 모습으로 조각하였다. 동상의 뒷면에는 시경詩經의 한 구절을 인용한 문구가 새겨져 있다. "길이여 반듯하도다. 그 곧음이여 화살 같도다. 군자는 밟을 것이요, 소인은 본받으리라."라고 하면서 이순신의 올곧은 정신을 본받자는 취지의 글을 새겨 놓았다.

노산 공원의 이순신 동상

4 통영 : 한산도 삼도수군통제영체제가 시작되다

오늘날 통영은 조선시대 고성현의 일부였다. 임진왜란 당시 한산도해전과 당포해전이 벌어진 곳이기도 하다.

고지도의 통영성

특히 한산도는 1593년 8월 삼도수군통제사제도가 시행된 이후 1597년 7월까지 조선 수군이 진을 쳐서 머무른 곳이다. 조선 후기 삼도수군통제영이 설치된 이후, 조선 수군의 대본영 역할을 한 곳으로 오늘날 통영이란 명칭이 생겨난 유래가 여기서 비롯된 것이다. 임진왜란 시기 큰 전투와 함께 오랫동안 주둔한 곳이다 보니 다른 지역보다 많은 흔적과 기념 시설들이 다수 세워져 있다.

(1) 당포해전지(당포성지)

※ 소재지 : 경남 통영시 산양읍 삼덕리

당포해전지

당포진성은 조선시대 수군만호가 주둔하여 왜구의 해상침략을 방어하던 곳이다. 임진왜란 당시에는 당포해전이 벌어진 곳으로, 조선 수군은 1592년 6월 2일 당시 당포성에 있던 일본군을 맞아 21척의 적선을 불태웠다. 특히 이 해전에서는 거북선을 이용한 전술을 구사하여 완벽한 승리를 거둔 것이 특징이다.

이 성은 고려 말 수많은 왜구의 침입을 맞아 공민왕 때 왜구를 물리치기 위해 최영崔瑩장군이 수많은 병사와 주민들을 동원하여 쌓았다고 전하는데, 이 성을 이용하여 왜구의 침략을 효과적으로 방어할 수 있었다.

복원된 당포성

　당포성은 평평한 자연할석自然割石을 일렬로 배열하여 기단석基壇石을 삼고 1자쯤
들여서 역시 자연할석으로 바깥벽을 수직으로 쌓아올리면서, 안쪽으로는 바깥보다
작은 돌과 석심石心을 박은 흙을 다져 밋밋하게 쌓아올린 내탁공법內托工法으로 축성
되었다. 삼덕리 야산의 봉우리와 구릉의 경사면을 이용하여 남향으로 쌓은 포곡형
包谷形으로 남쪽 해안에 정문正門을 두고, 산 쪽으로 동문東門과 서문西門을 두었으며
문에는 옹성甕城을 쌓았다. 동문과 서문의 좌우에 각각 1개의 치雉가 있으며, 남벽南
壁에 4개의 치를 두어 모두 8개의 치가 있고 남쪽 일부의 석축이 무너진 것을 제외하
고 동서북쪽 망루의 터는 양호한 상태로 남아 있던 것을 현재 복원 중에 있는데, 총
길이 992미터 중 현재 절반 정도가 복원되어 지금에 이르고 있다.

(2) 한산도 이충무공 유적(사적 제113호)

　※ 소재지 : 통영시 한산면 두억리

　이곳은 이순신이 임진왜란 때 삼도수군통제영의 행영을 설치한 곳이다. 1593년부
터 1597년까지 통제사 이순신이 이끈 조선의 삼도수군이 주둔했던 곳이다. 1597년 7

월의 칠천량해전 때 패한 후 폐진되었다가 142년 만인 1739년영조 15에 통제사 조경이 중건하고 유허비를 세웠다. 통제영 폐영 후 일제강점기에는 지방 선현들이 충렬사 영구보존회를 조직, 일제의 온갖 압박을 무릅쓰고 갖은 고난을 겪으며 이순신 유적을 수호하였다.

광복 후 통영충렬사영구보존회는 재단법인 통영충렬사로 개칭, 법인을 설립하고 이순신 유적을 관리해 왔다. 1959년 정부가 사적史蹟으로 지정하고 여러 차례 보수한 후, 1975년 박정희 대통령의 지시로 정화사업을 펼쳐 경역을 확장·보수하여 1976년에야 오늘의 모습으로 변모하였다. 규모는 104필지 600,461제곱미터181,640평에 영당, 제승당, 수루, 수호사 등 20동총 490평 규모의 건물과 내삼문을 위시하여 7개 문과 풍치림이 장관을 이룬다.

한산도에 진을 설치한 이유는 이순신이 당시 지평持平 현덕승玄德升에게 쓴 편지 내용에 보이듯이 호남을 보선하기 위해 석의 해로를 차단할 목적 때문이었다.

한산도의 전략적 가치에 대해서 이순신의 조카 이분은 "산 하나가 바다굽이를 껴안아 안에는 배를 감출 수 있고 밖에서는 그 속을 들여다볼 수 없을 뿐더러 또 왜 적선들이 전라도로 가자면 반드시 이 길을 거치게 되는 곳이라, 공이 늘 요긴한 길목이라고 하더니 이때에 여기다 진을 치게 된 것이다. 그 뒤에 명나라 장수 장홍유張鴻儒가 여기 올라와 한참이나 바라보다가 '참말 좋은 진터다.'라고 하였다."는 기록을 남겼다. 이와 같이 한산도 진영은 이순신의 탁월한 전략적 식견이 반영된 곳이라고 할 수 있으며, 임진왜란 때 수군 승리의 전략전술이 이곳에서 생산되었다는 의미를 부여할 수 있다.

○ **제승당(制勝堂)**

제승당은 이충무공 유적지의 중심이 되는 건물이다. 1593년 이순신이 '운주당運
籌堂'이라는 명칭으로 창건한 후 한 번 소실되어(1595년 9월 25일) 중건(같은 해 10월 13
일)하였다. 1597년 정유재란 때 또 다시 소실되어 폐허가 된 것을 1739년(영조 15) 통제
사 조경이 본래의 모습 그대로 중건하면서, '제승당制勝堂'이라는 현판을 걸었다.

그러나 시일이 경과됨에 따라 노후되어 부분적인 보수를 해 오다가 1933년에 다
시 중건하고, 1971년부터 1974년까지 문화재관리국에서 부분적인 보수공사를 시행
하였다. 그러나 그 규모가 너무 협소하였으므로 학계의 고증을 거쳐 1976년 정화사
업 때 현 위치로 옮겨 크게 세웠다.

제승당

---

* 운주당運籌堂

운주당은 이순신이 한산도에 주둔할 때 처음 세운 일종의 작전회의소라고 할 수 있다. 이것이 임진왜란이 끝난 후 각
수영에 분설되어 운영되었다. 예컨대 삼도수군통제영의 운주당은 1645년(인조 23) 이완 통제사 때 아사衙舍를 옮겨 세
우면서 그 서쪽 편에 호소각과 함께 창건되었다.
운주당은 '운주유악運籌帷幄'에서 유래된 용어이다. 운주運籌는 산가지를 늘린다는 말이고 유악帷幄은 군막軍幕이라
는 말이니, 운주유악은 군막 안에서 계책을 꾸민다는 뜻이다. 한서와 사기의 고조본기에 "군막 안에서 작전을 세워 천
리 밖에서 승리를 얻게 한다運籌於帷幄之中 制勝於千里之外"라는 기록이 있다.

다만 내부의 전통적인 단청은 보존하고 외부의 단청만 미색으로 다시 하였다. 규모는 정면 5간(14.55미터), 측면 3간(8.16미터), 면적 37.67평, 최고높이 7.9미터 내부에는 기록화 5점이 있다.

○ 한산대첩비

한산대첩비

한산도해전을 기념하기 위하여 1978년(12.9)부터 1979년(12.30)까지 국비 1억 5천 5백만 원을 투입하여, 대첩을 이룬 바다가 가장 잘 내려다보이는 문어포마을 산정에 거북선을 대좌로 한 높이 20미터의 한산대첩 기념비를 건립하였다. 그러나 이 비의 제막식은 1979년 10월 26일 박정희 대통령의 서거로 이루어지지 못하다가, 완공 34년이 지난 2013년 8월 16일에 제52회 한산대첩제를 기념하여 가졌다.

기념비의 비면 글자는 박정희 대통령이 직접 쓰고 비글은 이은상이 지었다. 규모는 0.9미터의 화강석 기단 위에 0.8미터의 거북좌대, 3미터의 거북선, 높이 15.3미터의 기념비식으로 이루어졌다.

○ 수루(戍樓)

수루는 적의 동정을 염탐하던 망루의 성격을 가진 건물이며, 이순신이 수루에 홀로 앉아 우국충정의 시를 읊은 곳이기도 하다. 정화사업 이전에는 수루라는 건물은 없었으나 수루의 성격이 망루이기 때문에, 제승당 옆에 한산만 앞바다를 내려다 볼 수 있어 적정을 살필 수 있는 현 위치에 사학자들의 고증을 받아 신축하였다.

수루 중앙에는 승전고가 놓여 있다. 규모는 정면 3간, 측면 2간, 면적 14.7평이다.

수루: 최근 수루의 글자를 이순신 필체를 집자하여 만들었다고 함

○ 충무사/영당(忠武祠/影堂)

이 사당은 이순신의 영정을 모신 곳이다. 원래 충무영당忠武影堂이라고 하였으며 1933년 창건하였으나, 건물이 오래되어 1967년에 문화재관리국에서 다시 그 자리에 신축하였다. 그러나 신축된 건물도 규모가 협소하여(11.34평) 참배에 불평이 많아 1976년 정화 사업 때 경역을 확장하여, (영당을 헐고 그 위치에서 뒤로 30.5미터 정도 뒤로)

새 영당을 지어 충무사(忠武祠, 박정희 휘호)라 이름하여 오늘에 이르고 있다.

규모는 정면 5간(12.6미터), 측면 4간(9미터), 면적 34.3평, 최고높이 10미터이다.

참고로 이순신 영정은 1933년 충렬사 보존회에서 제승당 중건 당시에 동아일보사의 협조를 얻어, 청전 이상범 화백에게 공의 영정(구군복 좌상)을 그리게 하여 창건된 충무영당에 처음으로 봉안하였다. 20여 년간 봉안되어 오던 중 1952년에는 공의 초상화에 대한 보다 정확한 고증을 거쳐 이당 김은호 화백이 그린 공의 영정(갑옷을 입고 칼을 든 채 서있는 모습, 입상 갑주본)과 교체하여 봉안하였으며, 이상범 화백이 그린 영정은 통영 '착량묘'로 옮겨 봉안하고 있다.

한산도 충무사

그러다가 또 다시 20여 년이 지난 1978년 박정희 대통령의 지시에 따라 정형모 화백이 그린 구군복좌상으로 교체되었고, 교체된 김은호 화백의 갑주본은 국립현대미술관으로 옮겨 별도 보존하고 있다.

내부에는 초기에는 명조팔사품병풍이 있었으나 한산대첩 389주년에 해군에서 기증한 병풍을 진열하고 있는데, 현덕승에게 보낸 서신 6폭, 독송사 6폭 병풍을 진열하고 있다.

○ 한산정

제승당 뒤 쪽에 위치하고 있는 한산정은 조선 수군이 활을 쏘는 곳을 재현한 것이다. 이곳에는 원래 13평 규모의 건물이 있었으나 규모가 작고 낡아 헐어 버리고 새로이 건물을 지어 한산정이라는 현판을 걸었다. 규모는 정면 3칸(9미터), 측면 2칸(5.4미터), 면적 14.7평이다.

한산정과 표적과의 거리는 145미터이고 전국에서 바다를 끼고 있는 활터로는 유일한 곳이다. 이곳에서 밀물과 썰물의 교차를 이용하여 활쏘기 연마를 하였기 때문에, 실제 바다의 전장에 나아가서 전쟁을 할 때에는 적선과의 사정거리를 알 수 있었다. 145미터는 당시 무과시험 중 장전의 사거리가 120보였기 때문에 1보는 1.21미터라면 120×1.21=약145미터에서 유래된 것으로 본다.

활쏘기 훈련을 한 한산정

○ 제승당 유허비(遺墟碑)

1597년에 폐진된 제승당을 1739년 영조 15년에 통제사 조경이 다시 세우면서 여기가 제승당 터라는 것을 알리기 위하여 이 비를 세웠다.

이 비는 옛날 제승당이 있었던 곳임을 알리는 표시로서 지금은 두 개가 있다. 하나는 통제사 조경이 제승당 옛터에 유허비를 세운 것으로서 비의 첫머리에 '고 통제사 충무공 이순신 한산 제승당 유허비'라 적고, 뒷면에 비를 세우게 된 경위를 적고 있다.

이 비는 통제사 조경이 글씨를 쓰고 글은 정기안이 지은 것으로서 비신은 높이 1.73미터이다. 특히 이 비는 땅속에 묻혀 있던 것을 최근에 다시 일으켜 세운 것이다.

제승당 유허비

다른 하나는 그로부터 138년 뒤인 1877년 고종 14 11월에 이순신의 10세손인 통제사 이규석이 세운 것으로 비글은 정기안의 옛글을 그대로 새겼으며, 비의 첫머리에는 '유명수군도독 증선무공신 영의정 덕풍부원군 행삼도통제사 시충무 이공순신 한산도 제승당유허비'라 적고 있으며, 비신의 높이는 1.7미터이다.

　그런데 이 두 비는 비각에 보존되어 있으나, 통제사 조경이 세운 비를 다시 땅 속에서 찾게 된 것은 비신이 오래되어 묻으면서 '구비매처舊碑埋處'라고 조그마한 돌에 표식을 해 두었기 때문에 쉽게 찾아서 다시 세울 수 있게 되었다.

(3) 삼도수군통제영

　※ 소재지 : 통영시 세병로 27(문화동) 일원

통제영 전경

　현재 통영의 삼도수군통제영은 이순신과 직접적인 관계가 없지만 통제사 제도가 이순신으로부터 생겼기 때문에 전혀 무관하지는 않다. 삼도수군통제영은 1604년에 설치되어 1895년에 폐영될 때까지, 292년간 경상·전라·충청의 삼도수군을 지휘하던 조선 수군의 본영을 말한다. 폐영된 이후 통제영은 일제강점기를 거치면서 세병관을 주 건물로 하여 몇 가지 보조건물이 유적으로 남아 있었다. 그러다가 현재의 통제영은 1998년 2월에 사적으로 지정된 이후, 2000년부터 2013년까지 596억 원의 사업비를 들여 13년에 걸친 대대적인 복원공사를 통해 주요 관아 30여 채를 복원한 것이다.

삼도수군통제사의 근무처인 통제영은 통제사의 주둔지가 자연 본영이 되는 것으로, 임란 중에는 상황이 유동적이었으므로 설영지가 정착되기까지에는 시간이 걸렸다. 즉 4대 통제사인 이시언이 경상우수사를 겸임케 되면서 비로소 경상우수영이 본영의 역할을 맡게 된다. 그리하여 경상우수영이 통제영을 겸하면서 안착된 것은 1604년(선조 37) 6대 통제사인 이경준이 고성현 남쪽 50리 지점인 두룡포로 옮긴 뒤부터다. 이경준은 먼저 세병관을 비롯하여 백화당百和堂, 정해정靖海亭 등 일부 군영 관아들을 예비로 세우고 다음 해 본영을 여기로 옮겨온 것이다. 그 후 세병관을 중심으로 한 수많은 관아들이 점차 자리를 잡게 되자 다시 영 주위를 둘러 성을 쌓이 이룬 것이 바로 통영성이다.

역대 통제사 선정비군

현재 복원된 통제영 주요 시설은 크게 4가지 영역으로 나눠진다. 첫째는 세병관 영역으로 이곳에는 세병관, 지과문, 망일루, 수항루, 두룡포기사비, 신성청, 좌청 등이 포함된다. 둘째는 운주당 영역으로 이곳에는 운주당, 경무당, 병고, 내아, 읍취헌, 득한당, 의두헌, 육의정, 황간발 등이 있다. 셋째는 중영 영역으로 이곳에는 중영, 좌우 행랑, 결승당, 응수헌, 중영부속채, 중영외삼문 등이 있다. 넷째는 일반 관아로 이곳에는 백화당, 잉번청, 공내헌, 공록당, 문간채 등이 있다.

두룡포 기사비

이 외에도 통제영 주전소지鑄錢所址와 통제영 12공방이 있다. 통제영 주전소지는 우리나라에서 최초로 발견된 주전소 관련 유적으로 조사 결과, 1742년(영조 18)~1753년(영조 29) 기간 중 통영에서 상평통보를 주조하였음을 알 수 있다. 통제영 12공방은 각종 군수품을 변방에서 자체 생산하기 위해 만들어진 것이다. 초창기에는 주로 군기와 진상품 등을 제작하였으나, 이후 규모가 증가하여 다양한 분야의 장인들이 모여 생활용품도 생산하였다. 12공방은 입자방, 총방, 상자방, 화원방, 소목방, 야장방, 주석방, 은방, 패부방, 동개방, 화자방, 안자방의 체계로 되어 있다.

여기서는 통제영의 객사 역할을 한 중심 건물인 세병관만 소개한다. 기타 시설물에 대한 소개는 현지에서 확인할 수 있다.

○ 세병관(洗兵館, 국보 제305호)

세병관의 야경

1603년(선조 36) 건립된 이 건물은 이순신의 전공을 기념하기 위하여 제6대 통제사 이경준李慶濬이 창건했다. 조선 조정에서는 왜구의 침략을 막기 위해 두룡포頭龍浦에 삼도통제영三道統制營을 설치하여 삼도 수군의 본영을 삼고, 영문營門을 세워 이 건물을 중심으로 삼도수군의 통제와 진수(鎭守, 군대를 주둔시켜 중요한 곳을 든든히 지킴)의 영사營舍로 사용하였다. 그 후 통제사 이항권李恒權, 홍남주洪南柱 등의 중수도 있었으며, 현대 시기 10년 동안 초등학교 교사校舍로 사용했던 적도 있다. 규모는 정면 9칸 112자, 측면 6칸 56자이다. 단층 팔작지붕으로, 건물면적 약 653제곱미터(198평), 높이 6미터, 직경 1미터의 기둥 48주柱로 건축된 웅장한 건물이다.

한국에 현존하는 목조 고건축 중에서 경복궁 경회루나 여수 진남관鎭南館 등과 함께 평면 면적이 큰 건물의 하나이다. 내부 구조의 특징에 대해서는 소개를 생략한다.

세병관의 건립 과정을 살펴보면 1603년 이경준 통제사 때 터를 닦기 시작하여 2년만인 1605년(선조 38) 7월 14일에 창건되었다. 그 후 1646년(인조 24) 김응해 통제사 때 다시 그 규모를 크게 고쳐 지으면서 입구에 지과문止戈門을 세워 지금의 웅대한 위용을 갖추게 된 것이다.

세병관

세병관이란 이름은 당나라 시인 두보杜甫의 글辭 「마행세병馬行洗兵」의 말미에 있는 문구, '안득장사만천하 정세갑병영불용安得壯士挽天河 淨洗甲兵永不用'[어찌하면 장사를 얻어서 하늘의 은하수를 끌어와 피 묻은 갑옷과 병기를 씻어 다시는 쓰이지 않도록 할까]에서 따온 것이라는 설이 있고, 비슷한 뜻인 '간과지식 만수세병干戈止息 挽水洗兵'에서 유래했다고도 한다.

세병관 현판 글씨는 통제사 서유대(1732~1802)가 썼다. 통제영을 여기에 옮긴 후

1894년(고종 31) 제209대 통제사 홍남주가 사망하고, 이듬해 7월 칙령 140호에 의해 폐영할 때까지 292년간 수군의 전통을 이어 왔다.

(4) 충렬사(忠烈祠, 사적 제236호)

　　※ 소재지 : 통영시 명정동 213

　　충렬사 정당은 이순신의 영령에 제사올리고 공의 정신과 위훈을 만대萬代에 기리기 위하여 제7대 통제사 이운룡李雲龍이 선조宣祖의 명을 받아 세웠다. 이순신 한분의 위패를 모시고 역대 통제사가 약 300년간 제사를 받들어 온 가장 신성한 장소이다. 정면 3칸, 측면 2칸의 목조 맞배지붕으로 1606년에 창건하였는데 정당의 후원은 충절을 상징하는 대나무 숲으로 둘러싸여 있다. 정당 기와지붕의 용마루에 새긴 주역周易 팔괘八卦는, 음양의 조화造化와 만물이 화생化生하는 억易의 원리를 남고 있으며 제의祭儀는 정통 유교의 법식을 고수한다.

충렬사 입구의 강한루

1895년 통제영이 폐영되어 관급官給이 끊어지고, 경술국치庚戌國恥(1910년 한일병탄)를 당하여 제사를 받드는 주체가 없어지자, 이곳 지방민들이 기미년 독립만세운동(1919년)을 계기로 충렬사영구보존회(현재 통영충렬사의 전신)를 결성하여 제향의 맥을 이어왔으나 일제강점기에는 왜경이 장군의 위패를 칼로 부수고, 삼문의 태극문양에 덧칠하여 일장기日章旗로 바꾸고, 또 제사를 올리지 못하도록 정당에 못질하는 등 수난을 겪기도 하였다.

1945년 광복을 맞아 이승만 대통령, 임시정부의 백범 김구 선생을 필두로 송진우, 여운형, 신익희 등 많은 광복지사들이 환국 참배하여 건국의 결의를 다진 유서 깊은 사당이며, 노산鷺山 이은상李殷相 선생이 국역 편찬한 『이충무공전서』의 산실이기도 하다. 정당을 향하여 중앙 좌측의 주련은 명나라 진린陳璘 도독이 이순신을 찬양한 어록의 한 구절인 「욕일보천지공浴日補天之功」(해를 씻어 빛나게 하고 하늘의 구멍을 메운 공)이며, 우측은 이순신이 임전결의臨戰決意한 「서해어룡동誓海魚龍動 맹산초목지盟山草木知」에서 따온 것으로, 조선 고종 대의 명신이자 예서체의 대가인 신관호申觀浩 통제사의 휘필이다.

충렬사 정당

충렬사는 1663년(현종 4)에 왕이 사액을 하렸는데, 글씨는 문정공 송준길이 썼다. 1695년(숙종 21)에 통제사 최숙이 경충재를 증축하여 서당을 개설하고 지방민의 자제들을 훈육하였다. 1718년(숙종 44) 통제사 김중기가 숭무당을 창건하고 장교 3인을 차출하여 전곡사무, 관리를 집행시키는 한편 연대도(烟坮島 : 통영시 산양읍 소재)를 사패지(賜牌地, 나라에서 내려준 땅)로 받아 위토전답(位土田畓, 수확을 제향祭享에 관해 쓰기 위하여 마련한 토지)을 마련, 사당의 보존책을 강구하였다. 1795년(정조 19) 임금이 『충무공전서』를 발간하게 하여 제문을 하사하였고, 1868년(고종 6) 대원군이 전국에 서원 철폐령을 내릴 때에도 유일하게 본 충렬사 서원만은 보존케 하였다.

충렬사 외삼문, 양쪽으로 6동의 비각이 있다

경내에는 이순신의 위패를 모신 정당을 비롯하여 내삼문, 중문, 외삼문, 정문, 홍살문 등 다섯 개의 문이 있으며, 중문 안에는 향사 때 제수를 준비하던 동재와 서재가 1670년(현종 11) 통제사 김경 때 건립되었다. 외삼문 안에는 사무를 관장하던 숭무당과 인재를 양성하던 경충재(1695년 통제사 최숙 때 건립)가, 외삼문 좌우에는 1681년

[숙종 7] 통제사 민섬 때 건립한 충렬묘비를 비롯한 6동의 비각이 있다. 외삼문 밖에는 1840년[헌종 6] 통제사 이승권 때 세운 후 1915년경에 훼철되었다가 1988년 복원한 강한루, 영모문과 전시관이 있다.

현재 충렬사는 사당을 비롯하여 동서재·경충재·숭무당·비각·전시관·강한루 등 건물이 총 22동인데 경영면적 9,049제곱미터[2,742평]로 되어 있고, 명조팔사품[보물 제440호]을 비롯하여 지방유형문화재인 충렬묘비와 지방기념물인 동백나무, 그리고 많은 동산문화재를 가지고 있다.

제향은 이순신을 위시하여 휘하 장병의 위령을 위하여 매년 음력 2월과 8월 중정일[中丁日. 음력 중순에 드는 정일]에 춘추향사를 지낸다. 그리고 공의 탄신일인 4월 28일 탄신기념제와 순국의 기신제[음력 11월 19일]를 지내고, 본 지방축제인 한산대첩기념행사의 고유제를 정성들여 엄숙히 전통제례의식으로 봉행하고 있다.

충렬묘비

충렬사의 관리는 통제영이 혁파되어 관급이 끊어진 후 1919년에 지방민이 뜻을 모아 충렬사영구보존회를 조직하여, 제반 행사 및 관리를 해오다 1951년에 재단법인 통영충렬사를 설립하여 현재 체계적으로 관리해 오고 있다. 특히 일제강점기 때에는 관리에 극심한 애로가 있었으나, 민족적 긍지로 오늘날까지 각종 문화 유적을 원형대로 보존토록 심혈을 기울인 선현들의 노고에 의해 오늘날의 위상을 유지하고 있다.

(5) 착량묘(鑿梁廟, 경남 기념물 제13호)

※ 소재지 : 통영시 도천동

착량묘 입구

착량묘는 이순신이 순국한 이듬해(1599)에 공을 따라 종군하였던 수군들과 이곳 주민들이 뜻을 모아 초가 사당을 짓고, 처음으로 공의 기신제(忌晨祭 : 돌아가신 날에 하는 유교식 제사)를 올린 이순신 사당의 효시이다. 이순신의 충절을 후세에 전하고자 착량 언덕에 초가 사당을 지어 위패와 영정을 모시고 매월 음력 초하루와 보름에 향을 사르고 봄과 가을에 제사를 지냈는데, 이곳을 지나는 모든 배들이 이곳에서 참배하였다고 한다.

1877년(고종 14)에 이순신의 10세손인 통제사 이규석이 부임하여 초가를 기와집으로 고쳐 짓는 등 면모를 일신하였다. 동시에 사당 이름을 착량묘라고 고쳐 부르고 경내에 호상재湖上齋라는 서당을 지어, 지방 자제들에게 이순신의 호국정신과 위훈을 본받게 하였다. 착량묘는 이순신을 모신 사당으로 전국에서 제일 먼저 건립되었던 것으로 전하고 있으며, 매년 음력 11월 19일 이순신 순국일에 기신제를 지내고 있다.

착량묘의 '착량'은 지금의 통영운하 지역이 옛날 통영의 육지 끝인 당동 해안과 미륵도가 가늘게 연이어져 있었는데, 배가 지나다닐 수 있게 여기를 파서鑿 수로梁를 만든 곳이라 하여 착량鑿梁 또는 굴량掘梁, 그리고 토박이 지명으로는 판데(판대·혼대)라 칭한 것에서 유래되었다. 임진왜란 때 이순신에게 패한 일본군들이 여기를 파서 물길을 틔어 도주했다는 야사가 전해온다.

착량묘 본전

(6) 남망산 공원

※ 소재지 : 통영시 동호동 239-1

통영의 남망산 공원은 일명 충무 공원이라고도 부른다. 높이는 약 80미터로 벚나무와 소나무가 우거져 있는 이 산 정상에는 이순신 동상이 우뚝 서 있다. 이 동상은 임진왜란 발발 6주갑을 맞아 전쟁 기간 중인 1952년 음력 11월 19일에 건립되었다. 통영군임진6주갑 충무공기념사업위원회가 건립한 이 동상은, 갑주본으로 갑옷을 착용한 이순신이 왼손에 칼을 들고 오른손은 허리띠를 잡고 서 있는 모습이다. 동상 뒷면에는 이순신의 생애에 대한 요약 글과 동상을 건립하게 된 배경에 대해 새겨져 있다. 그 전문을 소개하면 다음과 같다.

남망산 공원의 이순신 동상

우리 선민先民께서 왜란을 겪으시던 임진년이 이에 여섯 번째 도라왔나이다. 오늘의 국정國情 그 당시의 간난艱難을 방불케함이 있거늘, 어찌 우리 충무공 이순신 어른의 모습을 그리워하지 않사오리까? 순국하신 대의大義 일월日月같삽고 애민

愛民하신 은혜 우로雨露같사와 이 땅의 초목금수草木禽獸에도 미쳤삽거든, 어찌 감히 구리쇠 한 덩이로 성상聖像을 구현한다 하오리까마는 호가잔월胡笳殘月에 우심전전憂心輾轉하시던 그 지성至誠의 면모 만분의 일이라도 추모할까하와 3십만 우리 통영군민은 이에 정성을 다하와 이 동상을 삼가건립하나이다.

한편 동상이 세워져 있는 곳에서 바로 아래 계단으로 내려오면 충무공시비忠武公詩碑가 세워져 있다. 이 시비는 동상이 건립된 지 2년 후인 1954년 늦가을에 전국문화단체총연합회 통영군지부위원회에서 건립한 것이다. 시비 전면에는 '한산도가'가 한글로 새겨져 있다.

(7) 이순신 공원

※ 소재지 : 통영시 정량동(멘데해안길 205)

이순신 공원(舊 한산대첩 기념 공원)은 이순신의 애국애족 정신을 기리며, 거룩한 호국의 얼과 높은 뜻을 선양하고 기념하기 위해 세워진 곳이다. 이곳에는 이순신 동상, 전망데크, 산책로, 전통문화관, 잔디광장 등이 어우러져 있다.

이곳의 이순신 동상은 2017년 현재 우리나라에 건립된 이순신 동상 중 3번째로 높은 규모를 자랑하는 동상으로, 2005년 한산대첩제 기간인 8월 14일 세워졌다. 이 동상은 한송재단漢松財團 하원대河源大 이사장의 헌금으로 조성되어, 충무공이순신 장군동상건립추진위원회에서 주관한 가운데 울산대 미술과 정욱장 교수의 조각으로 건립되었다.

동상의 앞면에는 이순신이 명량대첩 하루 전에 말한 '필사즉생 필생즉사'라는 친필 어록이 새겨져 있다.

이순신 공원의 이순신 동상

⑻ 강구안 문화마당 조선군선

※ 소재지 : 통영시 중앙동 문화마당앞 해상

강구안 문화마당 부두에는 조선시대 군선 중 판옥선 1척과 거북선 3척이 정박해 있다. 판옥선은 조선 후기 통제사가 사용한 통영상선統營上船으로 경상남도가 주관하여 2011년 6월 건조한 것을 2013년 2월에 통영시에서 인수하였다. 거북선 3척 중 2척은 조선 후기 통제영거북선과 전라좌수영거북선으로 통영시에서 주관하여 2012년 2월에 건조한 것이다. 나머지 1척은 한강에 있던 거북선으로 서울시에서 1990년 10월에 건조하여 활용하다가 2005년 11월에 통영시에서 인수한 것이다.

개략적인 규모를 살펴보면 판옥선은 선체 길이가 약 42미터, 폭 12미터, 높이 7미터, 톤수는 284톤이며 노는 좌우 각 9개씩이다. 통제영거북선과 전라좌수영거북선은 길이 34미터, 폭 9.78미터, 높이 6미터, 톤수는 157톤으로 같으나 노의 개수에서 차이가 난다. 통제영거북선은 좌우 각 10개씩이며, 좌수영거북선은 좌우 각 8개씩이다. 한강거북선은 길이 34미터, 폭 10미터, 높이 6.3미터, 총 톤수 185톤이며 노의 개수는 좌우 각 8개씩이다.

강구안 문화마당의 거북선

강구안 문화마당의 판옥선

한편 문화마당에서는 이순신 관련 기념일(한산대첩제 등) 기간을 중심으로 이순신을 선양하기 위한 다양한 공연과 문화행사가 펼쳐지고 있다.

(9) 한산대첩 광장

※ 소재지 : 통영시 항남동 통영세관 옆

한산대첩 광장 전경

한산대첩 광장은 지난 2007년부터 2017년까지 무려 11년간에 걸쳐 조성되어 2017년 8월에 제막식을 가졌다. 총 8,960제곱미터(약 2,715평) 규모로 광장, 조형물, 주차장, 부대 시설이 갖춰졌다. 핵심은 조선 수군의 조형물이다.

통영은 구국의 승전인 한산도대첩과 300년 통제영문화가 면면히 계승되고 있는 역사의 고장으로, 풍전등화의 위기 속에서 조국과 민족을 구한 한산대첩을 기념하고 후세에 널리 알리고자 한산대첩 광장을 조성하였다. 광장의 중심에는 충무공 이순신을 비롯한 28인의 조선 수군 조형물을 세웠다. 역사는 이순신이란 영웅을 중심으로 기억되지만, 이 승리 뒤에는 수군 병사들의 노고가 함께 있었음을 알리고자 하였다. 그러므로 이 조형물에는 포를 쏘는 포수, 활을 쏘는 사수, 노를 젓는 격군, 깃발을 든 기수, 북을 치는 고수 등 각 분야 수군들의 노고를 함께 기리기 위한 것이다. 특히 이 조형물은 동명대 이주영 교수 등의 복식 전문가와 무기 전문가들의 철저한 고증으로 완성되어, 타 지역에서는 볼 수 없는 통영의 랜드마크가 될 것으로 기대하고 있다.

한산대첩광장의 다양한 조형물들

5 고성 : 당항포대첩을 이루다

고성은 임진왜란 시기 조선 수군의 주 활동지 또는 중간 기항지 역할을 한 곳이다. 해전이 벌어진 곳도 2군데가 있는데, 임진왜란 발발 첫 해에 있었던 적진포해전지와 당항포해전지가 그것이다. 특히 당항포는 1592년에 이어 1594년에도 해전이 벌어진 곳이다.

(1) 당항포해전지

※ 소재지 : 경남 고성군 회화면 당항리

당항포해전은 2번 벌어졌다. 제1차 당항포해전은 1592년 6월 5일에 주 전투가 벌어졌으며 6월 6일에는 잔당 소탕전이 있었다. 이 전투에서 적선 28척을 분멸시켰다. 흔히 당항포해전에서의 전과를 26척으로 산정하는데, 사실상 6월 5일 당항포 내에서 25척을, 당항포 입구에서 2척을, 그리고 다음 날인 6월 6일에는 당항포 내에서 1척을 분멸시켰다.

당항포해전지 모습

제2차 당항포해전은 1594년 3월 4일과 5일 양일간에 걸쳐 벌어졌다. 이 해전에서 3월 4일에는 적선 10척을, 3월 5일에는 21척을 분멸시켰다. 특히 이 해전에서는 이순신이 직접 지휘하지 않고, 어영담을 조방장으로 임명하여 전투를 지휘하도록 한 점이 특징이다.

당항포 관광지는 이순신의 승전지를 기념화하기 위해 1981년 고성군민들의 기금으로 부지를 사고 관광지 조성 사업이 이루어졌다. 먼저 당항포는 마산만으로 열린 바다쪽 입구가 너비 300미터 정도로 좁지만, 포구 쪽으로는 S자형으로 굽어들어 오면서 훨씬 넓어지고 물결도 잔잔해지는 까닭에, 육지에서 보면 호수와 다를 바 없을 정도이다. 이순신은 일본군과 전투를 벌일 때 이러한 지형을 십분 활용했다는 사실을 확인할 수 있다. 이후 고성군청에 관리를 위탁 하며 고성군에서 운영을 하고 있다. 당황포 관광지는 크게 2가지의 테마로 이루어져 있는데 이순신 장군 테마와 공룡 테마로 이루어져 있다. 이순신 장군 테마는 당항포 바다를 따라 조성되어 있는데 전승 기념탑, 해전사 체험관, 거북선 체험관, 숭충사, 임진란 창의 현충탑으로 조성되어 있다. 공룡테마는 2006, 2009, 2012년에 걸쳐 치러진 세계엑스포의 주 행사장이다. 멀티미디어관, 주제관, 5D 영상관, 공룡캐릭터관, 공룡나라 농업관으로 이루어져 있으며 그 외의 테마들로도 생명환경 농업관, 빗물체험관, 수석전시관, 자연사박물관, 퇴역함, 요트체험장, 해상 낚시돔, 오토캠핑장 등으로 구성되어져 있다.

○ **전승 기념탑**

당항포 바다를 바라보며 조성된 20미터 높이의 대형 기념탑은 끝이 두 갈래로 갈라져 있다. 이는 1592년의 1차 당항포해전과 1594년의 2차 당항포해전을 의미한다. 탑의 주변에는 검은색 돌이 7개가 설치되어 있는데, 그 패널은 당포해전부터 노량해전까지 7군데의 해전도로 구성되어 있다.

당항포해전 전승기념탑

○ 해전사 체험관

모두 4가지의 볼거리로 구성되어 있다. 정면을 들어서면 전시관의 중심에 조일 양국의 해전 상황을 재현한 미니어처들이 전시되어 있다. 매우 정교히 만들어져 당시 조선과 일본 배에 대한 차이점을 확인해보기 좋다. 그리고 임진왜란 당시 당항포해전의 숨은 주역으로 전해지는 의기義妓월이 설화에 대한 소개와 영상물이 있다. 그리고 1차와 2차 당항포해전의 전개도가 지도와 함께 소개되어 있다. 한편으로 당항포해전의 치열함을 엿볼 수 있는 지명들에 대해 소개되어 있다.

당항포해전관

○ 거북선 체험관

실물 모형의 70% 크기로 만들어졌으며, 2층 구조로 복원되어 있다. 실내에는 노를 젓고 포를 쏘아 보도록 체험코너로 조성되어 있다. 실내에는 장령실과 선장실이 있고, 이곳에 이순신이 고성의 의병장인 최균과 최강에게 보낸 친필편지[복사본]가 전시되어 있다.

○ 숭충사(崇忠祠)

이곳은 이순신을 모신 사당으로 배치구조는 외삼문, 내삼문으로 구성되고 팔작지붕, 솟대대문으로 이루어져 있다. 사당에 모셔진 영정은 장우성이 그린 표준 영정이다. 영정 뒤로는 명조팔사품이 그려진 병풍이 있다. 1988년 4월 23일 제1회 제전향사 후부터 지금까지 매년 당항포해전 승전기념일에 제전향사를 봉향해 오고 있다.

숭충사 본전

○ 임진란 창의 현충탑

임진왜란 당시 각지에서 자발적으로 군사를 모으고 전투를 하는 의병들이 속출했다. 고성 지역 역시 마찬가지였는데 이들은 소속된 지역의 지리를 잘 알기 때문에 이를 이용한 전술들로 많은 성과들을 이루었다. 이 탑은 이름 없이 산화해 간 많은 용사들과 지역 의병장들의 이름을 기록해 만든 기념탑이다.

(2) 적진포해전지

※소재지 : 고성군 동해면 내산리 적포

임진왜란 시기 현재의 고성군에서 일어난 첫 번째 해전은 적진포해전이다. 적진포해전은 전라좌수사 이순신이 이끈 조선 수군의 첫 번째 출전 중 세 번째 해전으로 1592년 5월 8일에 있었던 해전이다. 당시의 전황을 요약해 보면 다음과 같다.

1592년 5월 7일에 옥포해전과 합포해전을 승리로 이끈 조선 수군은 창원땅 남포에서 그날 밤을 보냈다. 5월 8일 아침이 되자 피란민들로부터 '진해땅 고리량에 일본군선이 머물고 있다'는 첩보를 받고는 즉시 출전하였다. 조선 함대가 주변을 수색하면서 저도(猪島, 현재의 마산합포구의 돝섬)를 지나, 고성땅 적진포에 이르렀을 때 척후선으로부터 '일본군선 대중소선 13척이 있다'는 보고를 받았다. 선봉함대가 적진포에 도착했을 때 일본군선들은 아무런 경계 없이 모두 포구에 한 줄로 늘어서 있었고, 군사들은 민가를 약탈하고 있었다. 일본군은 조선 수군의 위세를 바라보고는 모두 산 위로 도망쳐 버렸다. 그리하여 조선 수군은 일본의 빈 전선들을 모두 격침시켰다. 이상이 적진포해전의 경과이다.

적진포해전지, 앞에 보이는 마을이 적포이다

최근 들어서 적진포해전지의 위치에 대해 논란이 있는 듯하다. 그 이유는 돝섬의 위치를 통영시 광도면 저도로 비정한 선행연구자의 오류 때문에 해전지가 여러 곳으로 비정되는 경향이 있다. 그렇지만 당시 이순신의 기록을 토대로 전황을 검토해 보면 현재의 고성 동해면 내산리 적포마을이 맞다고 본다.

(3) 소을비포성지(所乙非浦城址, 경남 기념물 제139호)

※ 소재지 : 고성군 하일면 동화리 398-4번지 일원

소을비포는 소비포라고도 부른다. 임진왜란 시기 이곳 소비포에는 권관이 지휘하는 소규모 수군기지인 보堡가 있었다. 경상우수영 소속의 수군기지이지만 당시 소비포권관이었던 이영남李英男은, 이순신의 인품을 흠모하여 이순신의 휘하에서 크게 활약하였다. 아울러 『난중일기』에 보면 이순신이 소비포에 머무른 경우도 더러 있었다.

소비포성지는 매우 아름답게 복원되어 있다. 고성군 하일면 동화리 해안 구릉의 9부 능선 위에 위치한 석축성으로 성곽의 전체둘레는 330미터이며, 동서길이에 비해 남북 방향의 길이가 짧은 주형舟形이다.

성곽은 2004년부터 2005년까지 발굴·조사되었는데 그 결과 생토층을 다듬어 그 위에 내석을 깔고, 자연대석을 기단석으로 올린 후 내부는 소형할석으로 채웠으며 성석은 장대석을 눕혀 쌓기와 세워 쌓기를 교대로 하여 쌓아올렸다. 성벽의 잔존 높이는 지대석으로부터 4미터 정도이다.

성곽에는 동·서·북문을 두었는데 특히 북문이 가장 양호한 상태로 남아 있었다. 북문은 체성을 절개한 형태로 처음 세울 당시 북문지의 규모는 정면 7.55미터, 측면 4.7미터 정도이다. 성곽의 방어 시설로는 3개의 치성雉城과 해자垓字, 성 밖으로 둘러 판 못가 발견되었다. 해자는 자연암반층을 깊이 2미터, 폭 6.4미터의 규모로 U자형으로

굴착하였다.

성곽이 처음 건설된 시기는 출토된 유물과 문헌기록을 통해 볼 때 1491년(성종 22)으로 볼 수 있다. 1756년(영조 32)까지 여러 차례 수축(修築: 집을 고쳐 쌓음)을 거쳐 20세기 들어 폐성된 것으로 보인다.

복원된 소비포성지

6 창원(진해) : 안골포해전 승리에 빛나다

창원(진해) 지역은 전근대시기 왜구들의 침략 경로에 위치하였으며 일본과의 통상에도 중요한 지역이었다. 이로 인해 이 지역에는 일찍부터 다수의 수군진이 설치되어 조선 후기까지 운용되었다. 임진왜란 당시에도 창원(진해)은 조선 수군이 일본침략군의 본거지였던 부산을 공격하기 위해 반드시 지나야 할 항로에 위치한 곳이었다. 마찬가지로 일본군에게도 그들의 해상보급로 확보와 근거지 마련에 가장 중요한 곳으로 인식되었다. 그러다보니 임진왜란 당시 진해 지역에서는 합포·안골포·웅포 등지에서 여러 차례 해전이 벌어졌다. 아울러 일본군이 주둔한 흔적으로 웅천·안골왜성 등이 남아 있다.

(1) 안골포(安骨浦)해전지

※ 소재지 : 경남 창원시 진해구 안골동의 안골만

안골포해전은 한산도해전과 더불어 당시 평양까지 진격한 왜군이 해로를 통하여 병력과 물자를 보급 받으면서 계속 진격하려는 의도를 분쇄함으로써, 그들의 조선 점령 전략을 좌절시킨 의미 있는 승리였다. 전라좌수사 이순신이 이끄는 조선 수군이 경상남도 창원시 진해구 안골동의 포구를 점거하고 있던 일본군을 격멸하기 위하여 1592년 7월 10일에 벌인 해전이다.

1592년 7월 8일의 한산도해전 후 조선 수군은 안골포에 적선들이 정박 중인 것을 확인하였다. 이들은 와키사카 야스하루의 함대를 후원하기 위하여 부산에서 출발한 구키 요시타카(九鬼嘉隆, 1542~1600)와 가토 요시아키(加藤嘉明, 1562~1631)가 거느리는 40여 척의 함선이었다. 7월 10일에 조선 수군은 안골포로 진격하였다.

안골포해전지

이순신은 적을 넓은 바다로 유인하고자 하였으나, 일본군들은 포구 밖으로 나오지 않았다. 조선 수군은 종일토록 교대로 출입하면서 일본군 대선 20여 척을 분멸시켰다. 이순신은 적선을 모두 불태워 버리려 하였으나, 궁지에 몰린 일본군들이 숨어 있는 우리 백성들을 살육할 것을 염려하여 화공을 중단하고 1리(0.4킬로미터) 가량 물러나 밤을 보냈다. 다음 날인 7월 11일 조선 수군이 다시 안골포로 진격하였으나 살아남은 일본군들은 밤에 몰래 함선을 끌고 달아나 버렸다. 이순신의 애민사상이 가장 잘 드러나는 해전이다.

현재 안골포해전지는 1990년대 후반 해안도로가 개설되면서 안골만의 바다 일부가 매립되었으며, 이 때 안골포 굴강 유적도 매립되어 현재는 본래의 1/3쯤만 남아 있다. 또 안골포 해안도로가 바다와 접한 쪽에는 안골만에서 해마다 생산되는 많은 굴 껍질이 퇴적되고 있다.

안골만의 바깥 바다는 부산·진해경제자유구역청이 신항만 조성 사업의 일환으로, 바다를 매립하여 안골만을 제외하고 바깥쪽 바다는 일부 출입 항로를 제외하고 모두 매립되었다. 안골포해전에 대한 소개 표지석이 무궁화동산 입구에 세워져 있다.

(2) 합포(合浦)해전지

※ 소재지 : 창원시 진해구 원포동 학개마을

합포해전은 이순신의 제1차 출전에 있었던 세 차례의 해전(옥포해전, 합포해전, 적진포해전) 중 두 번째 해전이다. 이순신은 첫 번째 전투인 옥포해전이 끝난 후 수군함대를 거제도 영등포 앞바다에 이동시켜서 휴식을 취하고 밤을 지내려 하였다. 그러나 탐망하던 우리 척후선으로부터 적선 5척이 지나간다는 첩보를 입수하게 된다. 이순신은 즉시 추격전을 지시하여 필사적으로 도망치는 왜적을 쫓아 웅천땅 합포(현재 진에 이르러, 정박해 있던 일본군의 전선 5척을 불태우는 전과를 거두었다.

이 해전은 비록 적이 정박한 곳에서 치르진 해전이라 일방적으로 조선 수군이 우세한 전투였다고 볼 수 있다. 그렇지만 이에 앞서 옥포해전에서 수 시간동안 혈전을 치른 후, 휴식을 취할 시간도 없이 맹렬한 추격전을 펼쳐서 적을 물리쳤다는 데 의미를 부여할 수 있다.

합포해전 표지석

한편 아직까지도 일부에선 해전 장소에 대해 의문을 제기하고 있다. 바로 합포라는 지명만 보곤 진해가 아닌 마산의 합포라고 주장하는 것이다. 마산 합포라는 주장은 일부 학자들이 언급하고 있는 내용이다. 이유는 〈동여도東輿圖〉에 나타난 현재의 마산 일대에는 합포, 월영대, 마산포 등이 분명히 기록되어 있다고 한다. 당시에는 창원 땅 합포(또는 마산포)였다는 것이다. 심지어 네이버 같은 포털사이트 백과사전에서도 다음과 같이 합포해전지를 소개하고 있다. "해전이 일어난 합포는 지금의 마산이

아니라 진해鎭海라는 설도 있지만 합포는 지금의 마산이라는 설이 정설로 받아들여
진다."라고 기록되어 있다.

합포해전지 전경

이러한 오류들은 그동안 이 분야에 대한 전문적인 연구가 부족한 상태에서 합포
라는 명칭은 무조건 마산의 합포라는 세간의 인식을 따른 것이다. 그러나 이순신은
장계에서 분명히 웅천땅 합포라고 기록하였다. 웅천은 임진왜란 당시 현재의 진해 지
역이다. 현재 행정구역상으로 보면 창원시 진해구 원포동에 속하며, 합개 또는 학개
라고도 부른다.

(3) 웅포(熊浦)해전지

※ 소재지 : 창원시 진해구 남문동

웅포해전지는 창원시 진해구 남문동 와성마을과 남문동 사도마을 사이에 있는

웅포이다. 웅포는 진해구 성내동에 있는 웅천읍성에서 큰 길을 따라 동남쪽으로 약 2킬로미터 지점에 있다.

웅포해전은 전라좌수사 이순신이 이끄는 조선 수군이 웅포를 점거하고 있던, 일본군을 격멸하기 위하여 1593년 2월 10일부터 3월 6일 사이에 접전을 벌인 해전을 일컫는다.

웅포해전에서 조선 수군은 모두 7회에 걸쳐 웅포의 왜군을 공격하여 적을 크게 무찌르고 승리하였다. 초기 4차례에 걸쳐 이순신은 온갖 방책을 동원하여 왜선을 큰 바다로 유인하고자 하였지만 왜군은 응하지 않았다. 결국 제5차 공격인 2월 22일에는 그가 모집하여 거느리고 있는 의병과 각 함대에서 차출한 용감한 군사들을 나누어 웅포 동쪽의 안골포, 서쪽의 제포에 각각 상륙시켜 왜군을 육지의 배후에서 위협하면서 동시에 특공선단 15척을 편성, 공격하여 큰 전과를 거두었다. 이후에도 산기슭의 왜군 진지에 우리 함선이 탑재한 중완구中碗口로 비격진천뢰飛擊震天雷를 쏘면서 공격했지만 완전히 무찌를 수는 없었다.

웅포해전 소개 표지석과 웅포해전지

웅포는 진해구의 명소인 시루봉에서 동남쪽으로 흐르는 동천이 웅천읍성을 지나 바다에 닿는 곳에 위치한 포구이다. 포구의 북쪽에 남문동 사도마을이, 포구의 남쪽에 남문동 와성마을이 있다. 웅포해전지의 육지 쪽은 경남개발공사가 2008년부터 부산·진해경제자유구역 남문지구 개발 사업을 실시하여 동천 하구 갯벌이 많이 매립되었다. 웅포해전지의 바다쪽은 부산·진해경제자유구역청이 신항만 조성 사업의 일환으로 웅천만 일대에서 매립 공사를 벌여, 웅포 포구의 일부 바다를 제외하고 바깥쪽 바다는 매립되었다. 현재 바깥 바다에서 웅포로 들어오는 바다는 일부 출입 항로를 제외하면 모두 매립되었다.

웅포해전지는 포구의 바다와 육지를 포함한 넓은 장소이며, 기념 시설이 없어 일반인들이 유적지로 식별하기 어렵지만 이순신과 조선 수군의 역사를 간직한 곳이다. 다만 2013년에 웅포해전 표지석을 설치함으로써 이곳에서 웅포해전에 대한 이해와 함께 웅포해전지를 조망하게 한 상태이다.

(4) 제포진성(薺浦鎭城)

※ 소재지 : 창원시 진해구 제덕동 830, 831

제포는 조선 초기의 대표적인 개항지이다. 사대事大와 교린交隣으로 표현되는 조선의 외교에서 교린 정책이 실현되었던 공간이라 할 수 있다. 동시에 일본의 침입을 대비하여 군대가 주둔하고 방어 시설을 갖추는 등 군사적 성격 또한 부가되었다. 즉 진해 제포진성은 조선의 외교와 국방 정책이 중첩된 곳이라 할 수 있었다. 제포는 조선 전기 한때 경상우수영의 기능을 수행하다가 경상우수영이 거제 오아포로 옮겨진 후 만호진로 격하되었다. 임진왜란 당시 경상우수영 소속의 만호진으로서 초기에 경상우수군이 패퇴함에 따라, 제포진도 수군기지로서의 기능을 수행할 수 없게 되었다.

1593년 2월 22일 전라좌수사 이순신이 이끈 조선 수군이 웅포에 주둔하고 있던 일본군을 공격할 때 의승병을 상륙시킨 곳 중의 하나가 제포이다. 당시 상륙작전의 장소로 안골포와 함께 제포가 해당되었는데, 이는 당시 수군진성이 설치되어 있었기에 상륙작전이 가능한 장소로 사용될 수 있었다.

제포진성 정상 부분

제포진성은 조선시대 성곽으로 임진왜란 시기 수군만호가 주둔하고 있던 곳이다. 총 연장 1,377미터, 폭 4.5미터, 높이 2미터 내외의 평산성이다. 제덕동 안지개마을의 낮은 야산 서쪽 경사면을 이용하여, 정상부에서부터 능선을 따라 해안에 이르기까지 축조하였다. 커다란 자연석으로 이중 기단을 조성하였으며, 동쪽·서쪽·북쪽에는 옹성형甕城形의 문지가 있다. 성벽 곳곳에 곡성曲城을 두었을 뿐만 아니라 외부에 일정한 간격을 두고 깊이 5미터 내외, 폭 5~9미터 내외의 해자垓字를 둘렀다.

제포진성의 안쪽은 2013년 현재 경작지로 사용되고 있고, 정상부에는 1980년에 지어진 한국통신공사(현 KT) 건축물이 남아 있다. 2002년에 마을 진입 도로 확장 사업으로 인해 북쪽 지역의 성벽이 일부 제거되었으며, 최근에는 진입 도로 확장을 위해 체성부와 성내 일부분이 심하게 훼손되었다. 현재는 남쪽 정상부의 건물지 석축 일부와 서쪽 문지 및 동쪽 문지를 제외하면 성의 기초만 잔존한 상태이다.

제포진성은 본래 조선 초 개항을 목적으로 축조되었으나, 수영성으로 그 성격이 바뀌었다. 현재 성곽이 크게 훼손된 것은 인접한 곳에 있는 웅천읍성과 남산왜성을 수축하면서 진해 제포진성의 석재를 이용하였기 때문으로 여겨진다.

(5) 안골포진성(安骨浦鎭城)

※ 소재지 : 창원시 진해구 안골동 548, 647

진해 안골포진성은 안골마을 배후 야산의 능선축을 따라 축성한 조선시대 수군 진성이다. 안골포진은 1462년(세조 8) 병조의 건의에 따라 김해 가망포에서 옮겨 온 만호진이 있던 곳이다. 수군의 방어 원칙이던 '선상수어船上守禦'에서 한발 물러서 남해안 연안 일대에 보루를 설치하기로 결정하면서, 제포진성과 안골포진성의 축성이 논의되었다. 1490년(성종 21) 경상도의 적량성·사량성·지세포성·영등포성 등과 함께 만들어졌으며, 둘레 1,714척(약 520미터), 높이 13척(약 4미터)의 규모이다. 성 안의 정상부와 하단부에 건물지를 배치하여 조선시대 해안 방어를 담당하였던 진성의 구조적인 여러 요건을 두루 갖추고 있었던 것으로 추정된다.

현재 성의 하단부 마을 쪽은 민가가 들어서 있어 원형이 훼손되었지만, 배후의 야산에는 정상부 능선을 따라 자연대석으로 이중 기단을 구축한 성벽이 남아 있다. 성 안은 계단식 밭으로 개간되어 있으며, 지금은 서문지와 남문지만 남아 있으나 원래 동서남북 모두에 옹성형 문지를 두었을 것으로 추정된다. 문지의 좌우에는 정방형 곡성을 설치하였을 뿐 아니라 성 밖에는 해자를 조성하였다. 남동쪽의 자연 경사면에는 성벽 외곽으로 돌려져 있는 해자 시설이 확인되는데, 현재는 산길로 이용하고 있다.

안골포굴강

안골포진성은 대부분 파괴되고 남벽 일부와 서벽의 기단 일부만 남아 있는데 아마도 임진왜란 때, 성이 함락되고 인근에 왜성을 축조할 때 석축을 헐어 내어 성석城石을 옮겨 이용했기 때문일 것으로 추정된다.

현재 안골포진성과 관련한 흔적이 거의 남아 있지 않고 다만 조선시대의 안골포굴강 유적(지방기념물 제113호)이 남아 있어, 옛날 수군진의 흔적과 함께 안골포진성이 있었던 장소를 식별하는 데 어려움은 없다.

(6) 안골왜성(安骨倭城, 경남 문화재 자료 제275호)

※ 소재지 : 창원시 진해구 안골동 302-2

안골왜성이 위치한 이 지역은 임진왜란 시기 일본군에게 전략상의 요충지로 활용되었다. 1593년(선조 26) 와키사카 야스하루脇坂安治, 가토 요시아키加藤嘉明, 구키 요시타카九鬼嘉隆 등이 성을 구축하고 1년씩 교대로 수비한 일본 수군의 본거지였다. 이순신의 조선 함대가 1592년 7월 10일 구키 요시타가·가토 요시아키가 이끄는 일본 제2의 수군 부대를 격파한 안골포해전이 벌어진 장소의 바로 옆이기도 하다.

안골왜성은 동쪽의 부산왜성으로부터 20킬로미터, 남쪽의 가덕왜성과는 4킬로미터, 서북쪽 웅천왜성과는 약 3.5킬로미터 거리에 있다. 이들 왜성은 서로 연계하여 가덕수로와 외해를 동시에 확보하는 위치에 축성되어 있다.

안골왜성 정상부분

경상도 남부 연안 지대에 왜성이 축조되기 시작한 것은 1592년(선조 25) 후반기부터 1593년 동안의 일이며, 축성 배경에는 이순신을 중심으로 한 조선 수군의 활약이 있었다. 일본군은 1592년 5월 이후 부산포 서쪽 해상에서 이순신이 지휘하는 조선 수군에 의해 여러 차례 참패하였고, 이에 대한 해결책으로 수군의 원호援護와 보급 기지 확보를 위해 남부 연안부의 항만에 성을 쌓았다.

이에 대한 최초의 지령은 견내량해전 직후인 1592년 7월 16일에 내려진 것으로 보인다. 축성 위치로 항만을 택한 이유는 첫째 일본군의 항만 이용과 방어를 용이하게 하기 위해서이고, 둘째 조선 수군의 항만 사용을 저지하기 위해서였다. 군대에 있어서의 항만은 무기·탄약·병력·식수·식량 등의 보급은 물론 함대의 집결과 편성 등에 있어 불가결한 존재였기 때문이다. 진주성이 함락된 직후인 1593년 7월경부터 왜성이 본격적으로 축성되었을 것으로 추정된다.

규모는 둘레 594미터, 높이 4~7미터, 전체 면적은 6만 3,577제곱미터(약 19,200평)이다. 남북 400미터, 동서 600미터로 구릉 위에 나란히 네 개의 곡륜군曲輪群과 이에 연달아 있는 토루土壘 외부와 분리하기 위해 흙으로 쌓아 만든 시설물로 구성되어 있다. 성벽은 자연석과 거친 자연 할석을 이용하여 쌓았다. 성벽의 축조는 긴 면과 짧은 면을 서로 엇갈리게 조합하는, 엇갈려 쌓기와 입석의 모서리를 맞추어 쌓는 세워쌓기를 사용한 것이 확인되며 호구에는 경석이 사용되었다.

전형적인 일본식 산성으로, 지금도 갈지之자 형태의 성문과 성벽이 원형 그대로 남아 있다. 천연의 지형 조건을 충분히 활용하여 조망이 탁월하며, 깊숙한 만에는 수백 척의 함선을 수용할 수 있었다. 앞면이 절벽에 면하고 있으며 뒤쪽에는 안골만이 있어, 단시일에 축성한 산성이지만 완벽에 가까운 요새였다. 곁에는 조선시대에 조성한 안골포 만호진 성지城址가 남아 있으며, 임진왜란 당시 일본 수군의 가장 중요한 근거지 중 하나였다.

(7) 웅천읍성(熊川邑城, 경남 기념물 제503호)

※소재지 : 창원시 진해구 웅천읍 성내동 일대

웅천읍성은 이순신과 직접적인 관련은 없지만 웅천읍수군을 운용했다는 사실과 웅포해전이 벌어진 곳과 가깝다는 이유로 주목된다. 더욱이 웅천현감은 경상우수사 휘하에서 활동하면서 이순신과도 자주 접촉한 사실이 『난중일기』에서 확인된다. 이런 이유로 소개하고자 한다.

1437년세종 19에 건립된 웅천읍성은 읍성 남쪽의 제포왜관에 상주하는 항거왜인들의 세력이 급증하게 되자, 이들의 준동을 방비하기 위해 건립되었다. 입지선정시 이러한 방비목적이 충분히 반영되어 바다로 곧장 열리지 않고, 내륙에는 충분한 공간이 확보될 수 있는 이곳에 성곽을 축조하게 된 것이다.

웅천읍성은 조선시대 웅천현의 정치, 경제, 행정의 중심지에 위치한 치소治所로서 현재까지 성벽이 비교적 양호하게 남아 있어 조선시대 읍성의 구조적 측면을 연구할수 있는 매우 중요한 유적이다. 무엇보다 일본에 대한 조선 정부 교린정책의 첫 시험지이며, 최전선의 현장이라는 막대한 역사적 의의가 있다.

동서남북 사방에 반원형의 옹성 문지를 두고, 기본적으로 네 모퉁이에 네모난 모양方臺狀의 치雉를 쌓아올려, 동·서문의 좌우에 하나씩 총 6개의 치성을 배치하고, 사방에 해자를 구비한 구조를 갖고 있나.

원래 웅천읍성의 전체 길이는 946미터이며 평지성으로 동(현룡루 見龍樓 북쪽 임금이 있는 객사에서 보아 좌청룡과 합치하는 곳. 용이 밭에 나타났으니 대인을 봄이 이롭다), 서(수호루 睡虎樓 잠자는 호랑이를 건드리지 말라), 남(진남루 鎭南樓 남쪽을 다스리다 또는 식파루 息波樓 파도를 잠재운다), 북(공진루 控辰樓 임금을 상징하는 별에 문안드린다)의 4대문이 있었다. 성문은 일제강점기 이후 거의 철거되고 현재 동문지東門址의 옹성甕城이 일부 남아 있는 정도이다.

체성부 외벽의 경우는 남북 방향으로 축조된 성벽으로 여장까지 비교적 양호하게 남아 있었다. 여장女墻이란 성위에 낮게 쌓은 담으로 공격을 가할 수 있는 총안·타구 등이 설치된다. 성벽의 바깥은 과거 경작지와 과수원으로 사용되었으며, 내벽의 경우는 민가의 담장으로 대부분 사용되고 있거나 일부는 훼손되어 텃밭으로 이용되고 있었다.

웅천읍성

　옹성甕城은 반으로 쪼갠 독과 같다고 하여 옹성이라 한다. 옹성은 성문을 밖으로부터 보호하고, 적이 성 안으로 진입하는 것을 막기 위한 시설이며, 적의 공격 시 측면에서 협공하기 위한 이중성벽을 말한다.

　동쪽 문지의 옹성은 성 밖에서 볼 때 시계 반대 방향으로 돌아서 성벽과 나란히 개구부開口部 출입을 위하여 벽을 치지 않은 부분가 북쪽으로 난 반원형의 편문식 옹성이 조사되었다.

　치성雉城은 성벽에서 바깥쪽으로 튀어나오도록 쌓은 성벽으로, 적을 빨리 관측하고 성문을 보호하며 전투 시 성벽에 접근한 적을 정면이나 측면에서 공격하기 위한 시설이다. 웅천읍성의 치성은 총 6개로, 각 모서리 4개의 귀퉁이와 더불어 동·서벽에 각각 하나씩 적대敵臺가 배치되어 있다. 적대란 성문의 좌우에 일반 성곽보다 높게 축조한 담이 있는 치성으로, 성문을 공격하는 적을 방어하기 위한 것이다.

　해자垓字는 동쪽과 남쪽에서 확인되었는데, 전체적으로 2번 이상의 증개축이 이루어진 것으로 보인다. 웅천읍성 해자의 바닥면에는 할석과 자갈을 이용하여 나무

말뚝(목익, 木杙)을 설치한 것이 나타나고 있다. 총 10~15열의 목익들은 성내 쪽과 바깥쪽으로 바라보고 지그재그로 교차하여 설치되어 있다. 이것은 외침으로부터 성을 보호하기 위한 해자 내에 설치한 이중 방어 시설물로 파악할 수 있다. 이러한 목익들은 인접한 제포만에서 나타난 수중목책과 더불어, 조선 전기 방어 시설의 한 단면을 보여 주는 좋은 자료임을 알 수 있다.

웅천읍성에서 귀중한 백성들의 노고 흔적을 발견할 수 있다. 웅천읍성의 축성 과정에서 처음에 최윤덕이 수군(水軍)으로 충당하도록 제의하였으나, 유사시에 수군의 동원이 염려되어 백성들의 부역으로 시작하였다. 부역 사실을 증언하는 귀중한 자료가 남쪽과 동쪽 성벽에 새겨진 명문이다. 이 명문은 공역(工役)의 분담 구역을 표기한 것으로 확인이 가능하다.

(8) 웅천왜성(熊川倭城, 경남 기념물 제79호)

※ 소재지 : 창원시 진해구 남문동 산211-1

임진왜란 시기 창원(진해) 지역에 일본군이 쌓은 성으로 그 흔적이 잘 남아 있다. 일본군은 1592년 5월 이후 부산포 서쪽 해상에서 이순신이 지휘하는 조선 수군에 의해 참패를 맛보았고, 그 결과 일본군은 '수군 원호'와 '보급기지 확보'를 위해 남해안 연안에 성을 쌓기 시작하였다. 일본군은 조선 수군에게 좋은 항구를 내주지 않으려는 의도로 항구를 감시할 수 있는 산의 정상부에 주성곽을 설치하고, 그 외곽에 성벽을 설치하면서 항구를 향한 부분에는 성곽을 설치하지 않았다.

1593년 4월 18일 고니시 유키나가가 한성에서 퇴각한 후 도요토미의 명으로 해발 188미터의 웅천 남산에 형세가 웅장하고 규모가 광대한 이 성을 쌓았다고 하지만, 축성자에 대해서는 여러 가지 견해가 있다. 그러나 임진왜란 당시 고니시가 웅천왜성에 장기 주둔한 것은 사실이며, 그의 사위이며 대마도주인 소 요시토시는 정유재란 당시 이 웅천왜성을 다시 수축하였다고 한다. 요컨대 웅천왜성은 고니시 및 소 요시토시와 밀접한 관계를 지니고 있다.

고니시가 남산을 택한 것은 지형상으로 해변에 돌출하였을 뿐만 아니라 북쪽으로는 웅포만을 안고 있어 선박 수백 척을 정박할 수 있는 유리한 조건 때문이었다. 아울러 육로로도 상호 연락이 용이하고 해로도 마산·거제·가덕도·안골포와 상호 연락이 용이한 지역이었기 때문이다.

일본군이 철수할 때 성에 불을 질러 내부 건물은 없어졌으나, 400여 년이 지난 지금까지도 성벽이 거의 원형을 유지하고 있어 왜성의 축성법과 규모를 엿볼 수 있다.

제포와 안골만 사이에 반도처럼 돌출한 남산의 정상부에 위치하면서 북쪽으로 웅포만을 포용하고 있어서, 육로는 물론 해로로 안골포·마산·가덕도·거제도와 연락이 용이할 뿐 아니라 일본과도 가까운 요지 중의 요지이다. 이 성의 아래에는 소 요시토시가 구축한 지성인 자마왜성과 명동왜성이 있었다고 한다.

전체적인 평면은 와성만 쪽을 향하여 남북 양익상으로 V자 상을 이루고 있다. 이 성의 북서쪽에는 웅천읍성이 축조되어 있다. 웅천왜성의 지성으로 자마산의 정상부와 능선에 자마왜성, 진해시 명동 일원에 명동왜성이 있다. 웅천왜성의 범위는 동서 700미터, 남북 약 500미터에 걸친다. 현재 성곽은 부분적으로 잘 남아 있는 편이나, 석축 상층부는 무너진 곳이 많다. 넓이는 약 5천 평, 둘레 1,250미터, 높이 3~8미터이다. 석재는 주로 현무암과 청석이며 최대 1.5×1.5×2미터이다. 축성법은 대형의 면석을 상하로 고르게 쌓고 그 사이에 잡석을 채우는 방법으로, 지면에서 70° 정도의 경사각을 이루어 축성하였다. 자연석 또는 자연할석을 이용하여 잔돌을 끼워 난적 쌓기로 하였다.

임진왜란 중 웅천왜성에서는 고니시 유키나가와 명군 사이에 두 차례의 강화회담이 열렸다. 1594년 11월과 1596년 2월에 열린 회담에서 별 다른 소득은 없었지만 고니시는 임진왜란 내내 평화를 모색한 비운의 영주로 기억되고 있다.

1593년 12월 말(28일) 스페인 출신의 세스뻬데스 신부가 당도하여 근 1년간 은거하면서 가톨릭 세례를 하는 등 종교 활동을 전개한 곳이기도 하다. 한국사에서 최초의 가톨릭 신부의 도래는 대단히 중요한 의미를 지니고 있기 때문에 웅천왜성의 역사에서 뺄 수 없는 중요한 사실이다. 세스뻬데스는 1593년 12월 28일 고니시의 동생과 함께 웅천왜성에 도착하였다. 고니시는 세스뻬데스에게 성내의 가장 높은 곳에 거처를 마련해 주었다.

웅천왜성 천수각 부근

(9) 이순신 동상(李舜臣 銅像)

※ 소재지 : 창원시 진해구 도천동 북원 광장

1952년은 임진왜란이 발발한지 6주갑이 되던 해이다. 6·25전쟁이 진행 중이던 그해 4월 13일 이순신의 공로와 애국정신을 기리기 위하여, 경상남도 창원시 진해구 도천동 북원 로터리에 이순신 동상을 조성하였다. 동상의 좌대 중앙부분에는 '忠武公李舜臣像(충무공이순신)'이라 새겨져 있으며 대한민국 최초로 세워진 이순신 동상이다.

　1950년 11월 11일 해군 창설 제5주년을 기념하는 자리에서 당시 통제부 사령관 김성삼 소장은 경상남도지사 양성봉 및 많은 유지들에게 동상 건립의 필요성을 역설하였다. 그 이유는 임진왜란 때 왜적과 싸워 승리를 거두었고, 임진왜란을 종결시킨 최고의 공로자가 이순신이며, 그 해전의 터가 이 진해 앞바다이므로 진해에 동상을 세울 필요가 있다는 것이었다. 그 결과 그해 11월 19일 마산시청 시장실에서 동상 건립 기성회가 조직되었다.

충무공 동상 정초식 모습

　이후 마산·창원·통영·고성·김해 등지에서 모금한 3천만 원의 기금으로 조각 전문가인 윤효중을 초빙하여 430만 원으로 모형을 제작하기 시작했으며, 1951년 3월 말경에 이은상·김영수·권남우·이은호 등이 세 차례에 걸쳐 수정 보완하여 4월 19일 모형 제작을 완료했다.

　모형을 기초로 하여 해군 공창에서 연 인원 3천 명이 참여하여 1952년 3월 28일에 높이 4.82미터, 너비 1.4미터, 무게 3톤의 동상을 4,542만 원을 들여 주조하였다. 1952년 4월 13일 이승만 대통령을 비롯한 정부 요인과 내외 귀빈이 참석한 가운데 동상 제막식을 성대하게 거행했다. 제막식이 열린 4월 13일은 비록 양력이지만 임진왜란 6주갑을 맞이한 해로서, 우리의 바다를 우리가 지키자는 취지에서 이순신 동상을 최초로 설치한 매우 뜻깊은 날이었다.

　이 동상은 투구를 쓰고 갑옷을 입은 이순신이 양손으로 칼을 세워 잡고 서 있는 모습이다. 이는 마치 조선 왕릉에 놓인 무인석武人石을 연상시키기도 하지만, 왼발은 살짝 앞으로 내밀고 가슴을 젖힌 채 먼 곳을 바라보는 시선으로 인해 당당함이 느껴진다.

동상 좌우의 거북선 형상

북원광장의 이순신 동상

1952년 이후로 해군이 주관하여 해마다 충무공탄신기념일을 맞이하여 충무공의 애국정신을 계승하고자 추모 행사를 개최해 오다가, 1963년부터는 행사 주관 기관이 이충무공신양회로 이관되면서 군항제를 개최하고 있다. 2017년 현재 충무공 동상 주변 시설을 정비하여 동상 좌우에 타원형의 내벽을 조성하고, 이곳에 이순신의 생애와 활약상을 새겨서 이순신 정신을 함양시키는 효과를 거두고 있다.

⑽ 김구 친필 이충무공시비(창원시 근대건조물 2호)

※ 소재지 : 창원시 진해구 태평동 103

이 시비는 광복 이듬해인 1946년 5월 대한민국 임시주석이었던 백범 김구선생이 진해를 방문하여, 해안경비대 장병들을 격려하고 조국 광복을 기뻐하면서 남긴 친필 시를 화강암에 새겨 만든 비석이다. 이 비문은 이순신의 시 〈진중음陣中吟〉 중에서 일부 구절인 '서해어룡동 맹산초목지誓海魚龍動 盟山草木知' 부분을 직접 쓴 것이다. 이 시비는 건립 당시 진해 북원광장에 있었으나, 북원광장에 이순신 동상이 세워짐으로써 1954년 현재의 남원광장에 세워진 것이다.

김구 친필 이충무공시비

〈진중음〉 원문은 다음과 같다.

천보서문원天步西門遠	임의 수레 서쪽으로 멀리 가시고
군저북지위君儲北地危	왕자들은 북쪽에서 위태로운데
고신우국일孤臣憂國日	나라를 근심하는 외로운 신하
장사수훈시壯士樹勳時	장사들은 공로를 세울 때로다.
서해어룡동誓海魚龍動	바다에 서약하니 어룡이 감동하고
맹산초목지盟山草木知	산에 맹세하니 초목이 아는구나.
수이여진멸讐夷如盡滅	이 원수 왜적을 모조리 무찌른다면
수사불위사雖死不爲辭	이 한 몸 죽을지라도 마다하리요.

이 시는 임진왜란 초기 선조가 의주로 피난했다는 소식을 들은 이순신이 위기에 처한 나라를 구하기 위해 자신의 우국충정을 표현한 것으로 알려져 있다. 이 비석의 높이는 2.82미터, 폭은 0.44미터이며, 비석 옆면에는 '대한민국 29년 8월 15일 김구 근제'라고 새겨져 있다. 대한민국 29년은 1948년을 의미한다.

⑾ 해사 박물관, 거북선, 이순신 동상

※ 소재지 : 해군사관학교 내

○ 해사박물관

해사박물관 외관

해사박물관은 국내 유일의 이순신 전문 박물관이다. 1976년 1월 17일 해군사관학교 개교 30주년을 기념하여 해사박물관이 개관하였는데, 초창기에는 독립된 건물을 가지지 못했다. 그로부터 5년이 지난 후 1981년에 독립된 박물관 건물을 현 위치에 신축하였다. 이후 1990년 4월 28일 수장고 및 관리 시설들을 증축하여 현재의 모습을 갖추었다.

내부 공간은 크게 이충무공실, 해군역사실, 해군사관학교 역사실로 구성되어 있다. 이중 '이충무공실'에는 이순신 초상화, 행장, 임진왜란 당시의 무기, 해전도 등 이순신의 생애와 수군관련 유물 200여 점을 비롯하여 중완구, 안중근의사 유묵 등 3점의 보물을 전시하고 있다.

○ 해사 거북선

해사 거북선

해군사관학교의 거북선은 1999년 1월 30일에 진수한 것으로 해사에서는 두 번째로 건조한 것이다. 첫 번째는 1980년 1월 31일에 해군공창(현 정비창)에서 건조하여 활용하다가 현재의 거북선으로 교체하고 남해군에 기증하였다. 두 번째 거북선은 충남 장항에 소재한 광양조선에서 건조한 것으로, 조선 후기 좌수영거북선을 모델로 하되 임진왜란 당시의 거북선 형태를 부분적으로 가미한 것이다.

거북선은 임진왜란 직전 이순신이 개발하여 임진왜란 해전에서 크게 활약한 조선 수군의 특수군선이다. 거북선은 일종의 포함砲艦으로 이순신이 거북선을 만든 목적은 적 함선에 대한 화포의 명중률을 높이기 위해서였다. 원거리에서 화포를 발사할 경우 명중되기 어려운 현실을 고려하여, 가까이 접근하여 발사할 수 있도록 고안된 돌격선이다. 등을 두꺼운 판자로 덮고 그 위에 철침鐵針을 촘촘히 꽂아 적이 등선하지 못하게 하였다.

임진왜란 당시 거북선에는 모두 14문의 화포를 쏠 수 있었는데, 용의 입과 꼬리 아래에 각각 1문이 있었고 좌우 갑판에 각각 6문이 설치되어 있었다. 노의 수는 모두 14~16개로 속력은 대략 3노트 이상으로 추정되고 있다. 거북선을 이용한 해전으로는 1592년 5월 29일의 사천해전을 시작으로 당포·당항포·한산도·부산포 등의 해전에서 큰 활약을 하였다.

임진왜란 초기에는 2~3척이 건조되었고, 1595년에는 5척이 확인되며, 1597년 초에는 이보다 2~3척 더 있었을 것으로 추정된다. 그러나 그해 7월 칠천량해전에서 모두 불타 없어졌다. 임진왜란이 끝난 후 광해군 대에 다시 건조를 시작하여 점차 건조 척수를 늘려 나가서 정조 임금 때에는 한때 40척이 있었다.

조선 후기 거북선의 형태와 기능은 임진왜란 때와 상당 부분 달랐다. 조선 후기 거북선은 크게 통제영거북선과 전라좌수영거북선이 있었는데, 용의 입에서는 임진왜란 때와 다르게 오색 운무를 뿜었다. 포혈도 크게 늘어나 통제영거북선의 경우 72개소, 좌수영거북선의 경우 36개소의 포혈이 있었다. 그리고 장갑된 등에는 철침을 꽂지 않고 거북무늬만 그렸다. 1895년 7월 전근대시기 수군제도가 폐지되면서 거북선도 자취를 감추게 되었다.

○ 해사 이순신 동상

해사 이순신 동상

　해사 이순신 동상은 충무공탄신 470주년, 해군창설 70주년을 기념하여 2015년 11월 27일 건립하였다. 동상과 좌대(앤잔대), 기단으로 이루어진 동상 조형물에는 그 하나하나마다 역사적 의미를 담아 조형물만 보더라도 이순신의 삶과 업적을 고스란히 되새기게 된다.

－ 동상 부분

　약 4.97미터 높이의 청동주물로 제작된 동상은 임진왜란 당시의 유물을 바탕으로 고증된 두정갑과 투구를 착용하고, 우리나라 최초로 활과 화살, 이순신이 실전에 사용했던 쌍룡 검을 함께 휴대하여 완전무장한 이순신이 등채를 들고 전장에서 지휘하는 모습을 형상화했다. 동상의 왼손에 쥐고 있는 활은 수군의 주력무기이면서 이순신이 생전에 즐겨 쓰던 무기로 실제 『난중일기』에 가장 많은 기사 횟수를 기록하고 있다. 이순신의 얼굴 역시 표준 영정에 기초해 『징비록』에서 언급한 바대로 온화한 선비상에 가깝게 재현하였다.

– 좌대 부분

동상을 받치고 있는 좌대는 임진왜란 당시 주력함선인 판옥선을 기초로 형상화한 것으로 좌대 상부의 전면에는 『이충무공전서』에서 집자集字한 '충무공 이순신 상忠武公 李舜臣 像' 명판이, 후면에는 이순신의 생애 연표가 새겨졌다. 좌대 아래 부분 앞면은 귀수가, 좌우와 뒷면은 한산·명량·노량의 3대 해전도가 부조로 들어갔다. 좌대 밑단에는 당시 조선 수군의 첨단무기라 할 수 있는, 천자총통 4문이 좌대의 네 모서리 방향에 위치하고 있다. 동상 부분을 제외하고 좌대에서 지면까지 높이는 약 6.14미터로, 동상의 높이(약 4.97미터)와 합하면 해군창설일(11월 11일)을 나타내는 11.11미터에 이른다.

– 기단 부분

좌대를 품은 형태의 기단은 화강석으로 만들어졌으며, 원형圓形의 수경 시설로 조성되었다. 기본적으로 임진왜란 당시 주력 함선인 판옥선을 개념화한 형상을 지닌다. 이것의 직경도 해군창설 기념일을 의미하는 11.11미터이며, 그 높이는 이충무공의 나이(54세)를 상징하는 0.54미터다. 기단 안에는 11개의 조명등이 설치된 조각돌이 일정한 간격으로 배치되었는데, 좌대 자체가 판옥선 형태인 점을 고려하면 총 12척(충무공 동상 기단 1척 + 주변 11개 작은 조각 = 12척)의 판옥선이 물 위에 떠 있는 것을 상징한다. 충무공의 '금신전선 상유십이'를 개념화하여 만들어진 기단이라고 보면 된다. 기단 앞부분에는 해군 정비창에서 제작한 청동 거북선이 배치되어있으며, 총 길이는 199센티미터이다. 199의 숫자는 독도함의 전장 199미터에서 가져온 상징적인 숫자이다. 기단 주변의 판석은 330조각으로 이루어져 『이충무공전서』에 기록된 명량해전 당시 적선 수를 연상하게 한다.

남해 : 노량해전의 승리와 순국의 현장

남해는 고려시대부터 조선시대까지 왜구를 방어하기 위한 수군진이 다수 설치되어 운용된 곳이다. 임진왜란 초기 이순신의 전라좌수군이 경상도 해역으로 출동 시 중간 기항지로 활용된 곳이며, 경상우수영 소속 수군지휘관들이 이순신과 함께 많은 해전에 참가하여 활동하였다. 무엇보다도 남해는 이순신이 지휘한 마지막 해전인 노량해전지가 있는 곳이다. 그러다보니 이순신 순국지를 중심으로 이순신과 관련된 기념 시설이 많다. 최근에는 이순신순국 공원이 개장되어 이순신 선양의 핵심적 위상을 차지하고 있다.

(1) 남해 관음포 이충무공 유적(南海觀音浦李忠武公遺蹟, 사적 제232호)

※소재지 : 남해군 고현면 차면리 산125번지 일대

관음포 앞바다인 이락파李落波와 노량을 잇는 해역은 임진왜란 최후의 해전이 있었던 곳이다. 이락파가 보이는 연안에 이순신을 배향한 이락사李落祠가 있다.

이락사

이순신이 순국한 후 그의 넋을 추모하기 위해 많은 사당이 세워졌다. 이락사도 이순신을 모신 사당의 하나로, 1832년(순조 32)에 이순신의 8세손 이항권(李恒權)이 삼도수군통제사로 부임하면서, 왕명에 의하여 제단을 설치하고 비와 비각을 세웠는데, 속칭 '이락사'라고 하였다. 이때 이락사 내에 '관음포전몰유허비'도 함께 건립되었다. 유허비 비문은 당시 예조판서 겸 홍문관 대제학이었던 홍석주(洪奭周)가 짓고, 글씨는 형조판서 겸 예문관 제학 이익회(李翊會)가 썼다.

이락사가 건립된 1832년은 임진왜란이 발발한지 4주갑이 되는 해로, 이를 기념하기 위해 순국한 지점에 임진왜란 때 공이 많았던 인물들의 사당을 건립하라는 왕의 지시가 있었다. 그리하여 임진란 4충신(송상현, 고경명, 조헌, 이순신) 중의 한 명인 조헌과 이순신의 순국지에 사당이 건립된 것이다.

그런데 1864년에 대원군에 의해 서원철폐정책이 하달되면서 통영에 있는 충렬사를 제외한 모든 이순신을 모시는 사당이 철폐되었는데, 이때 이락사도 폐쇄되었다.

이로 인해 대한민국 정부가 수립된 이후에도 유허비만 남아 있고 사당으로서의 기능을 발휘하지 못하였다.

관음포전몰유허비

그러다가 박정희 대통령이 1965년 4월 13일에 '李落祠(이락사)'와 '大星隕海(대성운해)'라는 친필 현판을 내리면서 어느 정도 사적지로서 단장을 하였지만, 사당 기능은 상실된 채 유허비와 비각만 남은 상태로 유지되었다. 이후 남해군에서 1973년에 사적으로 지정하고 경역을 정화하였으며, 1998년 이순신 순국 400주년 추모기념 조형물로서 '이락사' 입구 광장에 '戰方急 愼勿言我死(전방급 신물언아사)'라는 글씨로 높이 8미터의 유언비를 세워 오늘에 이르고 있다. 이락사의 소유는 남해충렬사 모충회이며, 관리는 남해군에서 하고 있다.

(2) 이순신순국 공원

※소재지 : 남해군 고현면 차면리 산125번지 일대

이순신순국 공원 전경

이순신순국 공원은 2017년 4월 28일 개관, 이순신호국제전을 시작으로 본격적인 운영에 들어갔다. 이순신순국 공원은 임진왜란의 마지막 전투이자 이순신이 순국한 노량해전의 현장인 남해 관음포만 일원에 조성됐다.

기존 남해 이락사와 영상관을 포함한 전체 18만 7천 105제곱미터[56,700평]의 부지에 최근에 조성한 순국 공원은, 8만 9,869제곱미터[27,000평]의 부지에 호국광장과 관음포광장 등 2개 광장이 새롭게 조성됐다. 순국 공원 조성사업은 총 사업비 280억 원을 들여 지난 2010년 착수, 약 8년간의 사업 끝에 준공한 것이다. 이곳에는 다양한 역사·관광체험 콘텐츠가 마련돼 이순신의 애국·애민사상을 전하고 있다. 총 20동의 건축물과 6기의 조형·구조물이 있다.

○ 호국 광장

호국광장의 주요 시설로는 순국의 벽, 각서 공원, 이순신 장군 동상, 노량해전 전몰 조명연합수군 위령탑 등이 있다.

호국광장에 설치된 길이 200미터, 높이 5미터의 분청평면도자기벽화인 순국의 벽은 치열했던 노량해전 당시와 이순신 장군의 마지막 모습을 생생하게 담아 내고 있다.

각서 공원은 이순신 장군이 지휘한 해전에 대한 설명과 상황도, 호국충정이 어린 이순신의 어록을 돌에 새겨 놓았다.

호국광장 전경

각서 공원의 순국의 벽

이순신 동상은 높이가 11.19미터인데 적의 총탄이 가슴을 뚫는 순간에도 부릅 뜬 눈으로 칼을 높이 들고 공격 명령을 외치는 그의 마지막 모습을 형상화하고 있다. 바닥은 판옥선이 파도를 가르며 전장을 향해 나아가는 모습으로 '필사즉생必死則生, 필생즉사必生則死'와 명조팔사품의 하나로 전장에서 군사들을 독려하기 위해 달았 던 '독전기'에 새겨진 글귀인 '독전督戰'과 '적과 싸움에 있어 명령을 어긴 자는 참형 에 처한다.'는 뜻의 '범군임적불용명자처참凡軍臨敵不用命者處斬'을 각각 새겨 넣었다.

동상은 청동 주물로 노량해전 당시 판옥선 장대 위에서 적의 총탄을 맞고도 가 슴을 움켜쥐고 끝까지 전장을 힘차게 지휘하고 있는 이순신의 역동적인 모습과 그 뒤를 따르는 병사들의 모습을 묘사하였다. 구조물은 판옥선의 돛대를 형상화하여 꼭대기에는 대장선을 의미하는 '수帥'자의 깃발을 달았다.

이순신 동상

호국광장 한쪽에 위치한 노량해전 전몰 조명연합수군 위령탑은 나라를 지키기 위해 순국한 선조들의 호국정신을 가슴에 새겨 볼 수 있다.

노량해전 전몰 조명연합수군 위령탑

○ 관음포광장

관음포광장은 이순신 휘하에서 화포와 거북선, 판옥선을 제조하거나 승리의 견인차 역할을 했던 인물들을 알리고 있으며, 팔만대장경 체험 시설, 한옥 6채로 이뤄진 이순신리더십체험관, 소규모 공연장 등이 마련돼 있다.

관음포광장의 거북선 체험 시설

이순신 영상관은 이순신과 임진왜란에 대한 각종 자료들이 전시된 전시관과 국내에서 보기 드문 돔 영상을 상영하고 있다. 기존 이순신 영상관의 임진왜란 마지막 전투인 노량해전을 주제로 한 3D 입체영상이 내용상 오류가 많아서, 2017년 8월에 새로운 영상 콘텐츠인 '불멸의 바다, 노량'을 제작하여 상영하고 있다.

이순신 영상관

　야간에는 분수로 만들어진 워터스크린에 조명 등 첨단 멀티미디어 효과를 연출해 이순신의 순국정신을 강한 메시지로 전한다.

(3) 충렬사(사적 제233호)

　※소재지 : 남해군 설천면 노량리 350번지

　남해 충렬사는 이순신이 순국한 지 34년째 되던 1632년(인조 10)에 이곳 선비들에 의해 초옥草屋 형태로 건립되었다. 그 후 1658년(효종 9)에 통제사 정익(혹은 정봉주의 8세손)에 의해 중건되었으며, 1663년(현종 4)에 조정으로부터 현판의 사액이 이루어졌다. 1864년 대원군의 서원철폐령에 의해 1871년에 폐쇄되었다가 1982년에 중수되어 현재에 이르고 있다. 충렬사는 노량해전에서 순국한 이순신의 유해가 약 3일간 가장(假葬)된 곳으로 전해진다. 1965년 박정희 대통령이 '忠烈祠(충렬사)'와 '補天浴日(보천욕일)'이라는 현판을 다시 썼으며, 이를 보수하여 1973년 사적으로 지정되었다. 경내 면적은 12,088제곱미터(3,663평)으로 사당, 재실, 비각 각 1동, 내외삼문, 비 4기, 가분묘 1기 등이 있다.

충렬사 입구 외삼문

○ 본전

본전에는 이순신의 영정과 위패가 봉안되어 있다. 본전 내의 바른편 벽면에 독전도와 해전도가 게시되어 있다. 해전도는 박기당이 그린 것이다. 규모는 정면 3칸, 측면 1칸 규모의 맞배지붕으로 기둥 간격은 좁고, 정면 칸마다 널문을 달고 거기에 태극문양을 그려 넣었다.

충렬사 본전

○ **노량묘비**(露梁廟碑)

실제 비명은 '통제사증시충무이공묘비統制使贈諡忠武李公廟碑'라고 전자篆字체로 새겨져 있다. 남해 노량에 있기 때문에 편의상 '노량묘비'라고 칭한다. 이 비는 1661년(현종 2)에 건립하였으며, 비문은 우암尤庵 송시열宋時烈이 짓고, 글은 동춘당同春堂 송준길宋浚吉이 썼다. 본전 앞 비각 안에 보존하고 있다.

특히 이 비문은 효종 임금이 재위 10년 되던 해(1659년 3월, 그해 5월에 승하)에 이 비문을 읽으면서 다음과 같은 감동적인 말을 한 바 있다.

아침에 이순신의 비문을 보았는데, 죽을힘을 다해 싸우다가 순절한 일에 이르러서는 눈물이 줄줄 흘러내리는 것을 깨닫지 못하였다. 이는 하늘이 우리나라를 중흥시키기 위하여 이런 훌륭한 장수를 탄생시킨 것이다. 순신의 재능은 악비와 같은데, 더욱이 작은 병력으로 큰 병력을 공격하는 데 능하였다.

충렬사 내 노량묘비

이 비문을 가지고 노량묘비를 건립한 연대는 1661년(현종 2)이고 말미에 충렬사 사액을 받은 사실을 추가하여 기록하면서 1663년(현종 4) 7월에 내용을 추가하여 새겼다. 규모는 비신 높이 2.50미터, 너비 1.5미터, 두께 0.1미터이다. 비각은 정 측면 1칸의 팔작지붕 목조와가이다.

○ 충민공비(忠愍公碑)
충렬사 본전 왼편에 위치하고 있다. 이순신의 살신보국을 기리기 위하여 '충무'라는 시호를 받기 전에 지역 인사들이 자체적으로 시호를 만든 것이 '충민'이다. 이를 기념하기 위해 비를 세운 것이다. 이 비를 세운 연대는 순국 35년째이자 사당 건립 이듬해인 1633년(인조 10)으로 당시 남해현령 이정건(李廷楗)이 세웠다.
이순신의 5세손 이명상(李命祥)이 전라좌수사로 재임할 때, 충민공으로 기재된 이 비를 매몰하고 충무공비를 다시 세웠으며, 지금의 비석은 1973년에 발굴하여 재건한 것이다.

충민공비

○ 충무공비(忠武公碑)

충무공비

'충무' 시호는 1643년(인조 21)에 받았다. 이를 기념하기 위해 1733년(영조 9) 12월에 이순신의 5세손 이명상李命祥이 건립하였으며, 충렬사 본전 오른편에 위치하고 있다. 비문에는 충민공비를 매몰하게 된 연유를 밝히고 있다.

○ 이순신 가묘(假墓)

노량해전에서 순국한 후 3일간 이순신의 시신이 안치되었던 것을 기념하여 조성한 것이다. 본전 뒤편에 안치되어 있다. 이후 운구는 고금도로 이송되어 며칠간 간단한 수습절차를 거친 후 12월 초에 고금도에서 아산으로 이송하였다. 현재 이순신 묘는 아산 어라산 아래에 있다. 옆의 기념식수는 박정희 대통령이 심은 히말라야시다 나무이다.

가묘가 있는 담장 안은 가로 14.55미터, 세로 8.75미터이며, 가묘는 80개의 석축으로 2단을 쌓아올렸다. 묘 둘레는 11.76미터, 봉분 높이는 1.6미터이다.

충렬사 이순신 가묘

○ 청해루와 남해 충렬사비

남해 충렬사 입구 오른편에 위치하고 있다. 충렬사비는 1948년 11월에 건립하였으며, 비문은 위당 정인보 선생이 지은 것으로 비석 앞면에는 "로량바다는 이충무공 전사하신 데라 여기에 충렬사를 세우니라"라고 새겨져 있다. 1949년 남해군민과 초등학생 성금으로 세웠는데, 정인보가 글을 짓고 김충현이 글씨를 썼다.

남해 충렬사비

○ 지사공 이태상공덕비

이순신의 후손 중 삼도수군통제사를 역임한 사람은 12명(이봉상, 이언상, 이태상, 이한웅, 이한창, 이한풍, 이인수, 이유수, 이항권, 이승권, 이규석, 이규안)이다. 그중 통제사 이태상은 사우를 단확(단청)하고 2층 문루 청해루를 축성하였다. 이태상이 통제사 시절에 남해 충렬사를 증축한 공을 기리기 위하여 1760년에 건립한 것이다.

이태상 공덕비

(4) 거북선

남해 노량진의 거북선

충렬사 앞 노량진나루터에는 현대 시기 최초로 복원된 거북선이 정박해 있다. 이것은 1980년 1월 해군사관학교에서 건조하여 운용하다가, 1999년 내구연한이 도래하여 개조하려고 했던 것을 남해군의 요청에 의해 인수, 활용되고 있다. 『이충무공전서』에 기록된 척도를 기준하여 설계하였으며, 실제 건조는 해군 정비창 기술진이 전담하였다.

(5) 선소왜성 및 장량상동정마애비
○ 선소왜성
※소재지 : 남해군 남해읍 선소리 196-9번지

선소왜성 전경

선소는 남해현령이 직접 거느려서 지휘한 수군이 있었던 곳이다. 임진왜란 발발 당시 남해현령은 기효근이었다. 그는 남해현에 가까운 이곳에 선소를 마련하여 수군을 이끌고 전쟁에 대비하였다.

그런데 이 선소 뒤편에 일본군에 의해 왜성이 축조되었다. 이른바 선소왜성은 정유재란 시기 순천왜성과 사천 선진리왜성의 중간 위치에 축성되었다. 노량해전이 일어나기 꼭 1년 전인 1597년 11월 일본군 장수 와카사카 야스하루脇坂安治가 선소리 윤산 천남대에 축성한 후, 대마도주 소 요시토시宗義智의 일본군 1,000명이 주둔했다.

선소왜성 천수각 부분

  선소왜성 역시 다른 왜성과 비슷하게 3겹의 외성을 갖추고 70~80도 정도의 각도
로 축성한 것으로 전형적인 왜성의 모습을 지니고 있었다. 동쪽으로 튀어나온 해발
44미터 구릉에 본성이 있고, 남쪽의 해발 22미터 구릉에는 외성이 있다. 가운데 도
로가 나면서 본성과 외성의 연결은 끊긴 상태이다. 본성은 구릉 본래 지형을 그대로
활용해 꼭대기에 천수대를 두고 주변에 계단처럼 층층이 배치된 성곽 터가 천수대
를 둘러싸고 있다. 현재 본성의 천수대 성벽과 모서리 부분은 온전하게 남아 있고,
성곽터 평지는 모두 밭으로 이용되고 있다.

  선소왜성은 군사적으로 중요한 지점에 위치하고 있었다. 왜성에 올라 좌우를 둘
러보면 멀리 지족해협과 가청곡에 이르는 지형을 살필 수 있다. 당시 선소에 일본군
이 주둔하고 있었기 때문에, 노량에서 관음포에 이르는 남해의 바닷길과 육로를 완
벽하게 파악하고 있었을 것으로 추정된다.

  한편 노량해전에서 조명 수군에게 대패한 일본군의 일부는 광양만과 사천만을
통해서 일본으로 달아났고, 일부는 관음포에 갇혀 육지로 도망했다. 그렇게 육지로
도망한 왜적은 그들이 만든 선소왜성에 잠시 진을 치고 주둔하였다. 그 후 선소마을
의 배를 약탈하여 일본으로 달아났다. 남해왜성이라고도 부른다.

○ **장량상동정마애비**(張良相東征磨崖碑, 유형문화재 제27호)

※소재지 : 남해군 남해읍 선소리 196-9번지 외 5필

　노량해전이 끝난 후 조선에 입국한 명나라 장수 장량상은 일본군이 주둔했던 왜성의 동쪽 바닷가 기단에 박혀 있던 큰 바위에 직접 지은 시를 남겼다. 그것이 바로 장량상동정마애비이다. 비의 규모는 높이 5미터, 폭 1.5미터, 자연석 높이 2.5미터, 폭 1.5미터로 전면 암각문岩刻文으로 되어 있다.

장량상동정마애비

　내용은 "명나라 황제의 명에 의해 제독 이여송과 수군도독 진린이 남해까지 와서 왜군을 무찔렀다."는 명나라의 위대함을 암각한 전승시비戰勝詩碑로 12행行 종서縱書로 된 마애비이다. 주록周錄에는 당초문唐草文으로 띠를 돌려 새겼다. 비문 말미에 "萬曆二十七年 陽月上浣吉兆日建(명나라 만력 27년(1599) 10월 상순 길일에 세움)"으로 새겨져 있다. 그 내용은 다음과 같다.

　만력 26년 늦가을에 나라의 동쪽에 다시 일이 있게 되었다. 때는 마침 조선이 왜놈들의 침입을 받아 7년에 이르렀다. 우리는 군사를 보내어 이들을 구원하였으나

아직도 이겼다는 보고가 없다. 천자께서는 벌컥 성을 내어 곧 내각의 여러 고관들에게 가서 군사들을 살펴보라고 명하였다.

경리와 총독을 겸한 대사마 형공(邢价 ㅇㅇㅇ)과 도독 진공(陳璘 ㅇㅇㅇ) 이하 문무 장신 10여 사람들이, 조선에서 군사를 거느리고 만나기로 하여 다투어 압록강을 건너 두어 갈래의 길로 함께 진군하게 하였다.

생각하건대 형공과 진공은 웅대한 지략으로 세력을 신장하여 아름다운 기풍을 삼고, 범이 날카로운 눈으로 사방을 둘러보듯이 하면서 여러 장수들과 협조하여 심력을 다 기울여 충성스런 지모로 낙랑을 거쳐 계림을 지나 부산으로 나아가 군사력을 떨쳐 왜놈들을 봉쇄한 뒤에 돌려보냈다. 태사씨(太史氏) 구대상(區大相)은 예로부터 제왕들은 군사를 내어 전쟁을 하면, 모두 씩씩한 군대의 위용으로서 국위를 떨치고 동시에 수고로이 원수를 물리친 것을 칭송하는 말이 있었다고 하였다.

이에 저 명나라와 조선의 군사들은 섬 오랑캐를 물리쳐 폭동과 반란을 제거하고 만전을 꾀하였다. 모든 일은 반드시 싸워 이겨 여기에서 순리로 다스려 위엄이 이처럼 성하니 멀리 와서 정복하여 물리친 것을 밝혀 길이 알린다.

이에 시 2장을 지었으니 비록 크게 우아하지는 않지만 거의 위엄을 드날리기에 충분하다고 하겠다.

황제의 성냄이여! 변방의 난 평정했네.　　　황혁노혜 정이란　　皇赫怒兮 定夷亂

장사의 분발이여! 쉴 겨를 없었다네.　　　장사분혜 불황연　　壯士奮兮 不遑宴

긴창을 비껴 듦이여! 화살도 세게 쐈다!　　횡장극혜 복경전　　橫長戟兮 服勁箭

완전무장 빛남이여! 별들도 밝게 빛나!　　조갑요혜 성진환　　組甲耀兮 星辰煥

발해바다 건너뜀이여! 파도도 잔잔하구나!　축발발혜 파도안　　蹴渤㶁兮 波濤晏

긴 칼 날림이여! 동쪽의 바닷가라!　　　의장검혜 부상안　　猗長劍兮 扶桑岸

백성의 받듦이여! 왜놈들이 항복했다.　　선극공혜 오족단　　仙極贛兮 鰲足斷

황제의 성냄이여! 해외까지 벌벌 떠네.	황극진혜 궁해외	皇極震兮 窮海外
나라밖 정벌이여! 죽은 해골 고요하네.	정불정혜 정수부	征不庭兮 靜殊髏
무장병 기쁨이여! 공을 따라 매진했네.	갑족열혜 종공매	甲族悅兮 從公邁
왜놈들 막음이여! 생선회를 치듯했네.	봉경예혜 집린개	封鯨鯢兮 戢鱗介
부릅뜬 눈방울여! 땅끝까지 다 살폈네.	가목출혜 극지계	加目出兮 極地界
공바위 새김이여! 길이길이 전해지네.	표궁갈혜 제황예	標穹喝兮 際荒裔
이역땅 멀리 옴여! 가주로 모셔지네.	이성래혜 가주회	異城來兮 嘉主會

시비의 전문에는 명나라군의 위용을 자랑하면서 황제의 명으로 왜적을 격퇴하였으니, 조선은 멀리서 영원히 복종하라는 가증스러운 내용을 담고 있다. 왜장에게 뇌물을 받고 이순신에게 소서행장의 퇴로를 터주자고 건의했던 그들이, 임진왜란의 승전을 자신들의 것인 양 기고만장한 태도로 일관하고 있다.

임진왜란의 승리는 명군의 도움도 있었지만 조선의 수군과 의병, 관군이 힘을 합해 극복한 사실을 알아야 한다.

남해지방과 관계있는 비는 아니지만, 역사에서 명확히 밝혀지지 않은 명나라 장수의 마애비라는 점에서 귀중한 가치를 지닌다. 명나라 이여송과 진린이 일본군을 무찔렀다는 전승 내용이 많이 기록되어 있어, 일제강점기 당시 조선총독부가 작성한 '파괴대상 왜구격파 기념비' 목록 20개 중에 이 비가 포함되었다고 한다.

8
백의종군의 흔적들

경남 지역은 정유재란 시기 이순신이 백의종군을 한 곳이다. 현재의 합천 율곡면 낙민리 매실마을에 있었던 이어해집에 유숙하면서, 백의종군한 이순신의 흔적을 현재 복원하여 활용하고 있다.

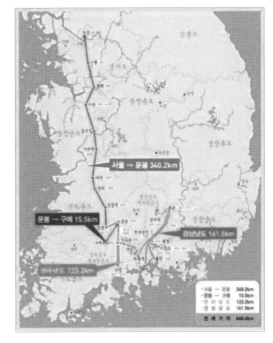

백의종군 전체 경로도

이순신의 백의종군 기간은 크게 3기간으로 나눌 수 있다. 첫 번째는 1597년 4월 1일 출옥한 후 그해 6월 3일 합천에 도착하기까지 약 2개월간, 두 번째는 6월 3일부터 칠천량해전 패보를 듣고 현지답사를 위해 출발하는 7월 18일 까지 약 1.5개월간, 세 번째는 7월 19일부터 현지답사를 하고 진주에 머무르면서 통제사 재임명교서를 받는 8월 3일까지의 약 15일간으로 구분된다.

여기에 연관이 있는 곳은 서울-경기-충남-전북-전남-경남 지역이다. 전국의 관련 지자체에서는 이러한 이순신의 백의종군 중 행적을 고증하여 역사문화 관광콘텐츠화하여 활용하고 있다. 이 분야에 가장 먼저 관심을 가진 지자체는 경상남도이다. 경상남도는 2007년부터 이순신프로젝트의 일환으로, 경남 지역의 '백의종군로 관광자원화 사업'을 추진하였다. 백의종군로에 대한 고증을 바탕으로 2011년에 백의종군로 정비사업이 완성되었다.

두 번째로 전라남도 지역에서 2010년에 고증 용역을 실시한 후 이순신 백의종군로 중, 구례-순천 구간의 탐방로를 정비하고 관련 유적과 주변 정비를 2012년에 완료하였다.

세 번째로 2014년에는 해군본부의 발주로 순천향대이순신연구소 주관으로 서울-경기-충청-전북 지역의 백의종군로 고증을 하였으며, 이를 토대로 관련 지자체에서 백의종군로를 정비 중에 있다. 현재 충남 아산 지역에 일부 관련 유적을 정비하고 있는 추세이다. 여기서는 경남 지역만 소개하고 진행 중인 기타 지역은 추후 보완하고자 한다.

이순신이 백의종군차 경남 하동에 발을 디딘 후부터 삼도수군통제사 임명교서를 받을 때까지의 행적을 기반으로 조성한 경남의 백의종군 구간은 총 177.5킬로미터이다. 이 구간마다 이순신의 행적을 담은 표지판을 설치하고 탐방도로를 개발하는 등 여러 가지 유적지를 복원 또는 활용하고 있다.

(1) 하동군 지역

이순신이 하동군 지역에 머무른 기간은 1597년 5월 26일~6월 1일, 그리고 7월 19일~7월 27일 기간이다. 관련 유적으로는 하동읍성, 정개산성, 이홍훈가, 청수역, 강정 등이 있다.

이홍훈가

청룡리 은행나무

강정

(2) 산청군 지역

이순신이 산청군 지역에 머무른 기간은 1597년 6월 1일~6월 2일, 그리고 7월 19일~7월 20일 기간이다. 관련 유적으로는 박호원가(이사재), 동산산성, 단계천 옆 기념 시설 등이 있다.

박호원가(이사재)

단계천변 기념 시설

(3) 합천군 지역

이순신이 합천군 지역에 머무른 기간은 1597년 6월 3일~7월 19일 기간이다. 관련 유적으로는 모여곡, 이어해 후손가, 괴목정, 둔전마을, 도원수부가 있었던 초계관아 등이 있다.

모여곡

이어해 후손댁

합천 둔전마을

초계군수 공덕비

(4) 사천/남해군 지역

이순신이 사천과 남해군 지역에 머무른 기간은 1597년 7월 21일~7월 23일 기간이다. 관련 유적으로는 당시 곤양이었던 사천 지역 응취루가 있다. 응취루는 1430년(세종 12)에 완공된 곤양읍성 객사의 출입문으로, 현 곤양초등학교 내에 소재했으나

1963년 철거된 것을 복원한 것이다. 사천시 곤양면 성내리에 소재하고 있으며, 이순신은 1597년(정유년) 7월 22일 이곳에서 하룻밤을 보냈다고 기록되어 있다.

사천(곤양) 응취루

한편 이순신은 백의종군 중 7월 21일 칠천량해전 결과에 대한 상황파악 차 노량에 있던 조선 수군을 만난 후, 7월 22일에는 남해현령 박대남을 방문한 적이 있다. 그러나 현재 남해에는 이와 관련한 기념 시설이 설치되어 있지 않다.

(5) 진주시 지역

이순신이 진주시 지역에 머무른 기간은 1597년 7월 27일~8월 3일 기간이다. 이곳에서 삼도수군통제사직을 재수임하였다. 관련 유적으로는 군사들을 훈련시켰던 진배미 훈련장, 삼도수군통제사직을 재수임한 장소인 손경례가 등이 있다.

진배미 훈련장 기념비

손경례가 경남 진주시 수곡면 덕천로 15-3(원계리 318번지)

6부

부산광역시
: 임진년 최대 규모의 승리를 거두다

1

부산광역시와 이순신

이순신이 부산 지역과 인연을 맺은 것은 크게 보아 2번 있었다. 첫 번째는 1592년 9월 1일에 있었던 부산포해전 때이다. 조선 수군 약 80척(판옥선, 거북선 등 대형군선)이 부산포에 있던 적선 470여 척 중 100여 척을 분멸시킨 해전이다. 부산포해전에 앞서 6번의 서전에서 승리하면서 적선 34척을 물리친 것을 포함하면, 총 134척 이상을 불태운 해전이 바로 광의廣義의 부산포해전이다. 두 번째는 1597년 2월 10일을 전후하여 당시 통제사 이순신과 경상우병사 김응서가 협의하여 일본의 가토 군 섬멸 작전에 따라 부산 앞바다에 진출한 적이 있다. 이 작전에서 특별한 전과를 거두지는 못했다. 여기서는 주로 임진년의 부산포해전과 관련된 해전지 및 기념 시설과 경상좌수영 유적에 대해 소개하고자 한다.

2
강서구(가덕도) : 부산포해전의 방략을 세우다

부산포해전을 치르기 위해 출동한 조선 수군은 가덕도에서 8월 28일~9월 1일까지 3일간이나 머물렀다. 가덕도는 부산포해전을 치르기 위한 작전 기지 역할을 한 곳이다. 머무른 장소는 8월 28일에는 천성 선창에서, 8월 29일에는 가덕 북변에서, 9월 1일에는 다시 천성 선창에서 밤을 보냈다. 부산포해전 시 조선 수군이 머무른 가덕진과 천성진의 유래와 현재의 유적 상태에 대해 소개하고자 한다.

(1) 가덕첨사진성
※ 소재지 : 부산광역시 강서구 성북동 407(천가길 338번길)

가덕진은 조선시대 행정구역으로 웅천현熊川縣에서 남쪽 방향 수로로 30리 떨어진 곳에 위치해 있었으며, 현재의 행정구역으로 부산광역시 강서구 성북동 일대에 해당된다. 가덕진이 위치한 가덕도는 원래 섬이지만, 현재 가덕대교를 통해 육지와 연결된 상태이다.

가덕진이 위치한 성북동 일대는 가덕도 북부가 부산 신항만 조성으로 해안선이 크게 변한 것과는 상관없이 예전 해안선이 거의 그대로 유지되어 있는 것으로 보인다. 성북동에서 가덕진이 위치한 일대는 평지에 가까운 평평한 지형이며, 가덕진의 선소가 위치하였을 해역海域일대는 원형에 가까운 만灣이 형성되어 있다. 이 만의 오른편으로 눌차도까지 길고 좁게 육지로 이어져 있으며, 눌차도와 연결된 육지가 만의 북동쪽과 북쪽 바다를 완전히 막아 만의 입구는 북서쪽에 트인 해협 하나뿐이다. 따라서 풍랑의 영향이 적고, 외부에서 가덕진 병선兵船의 진퇴를 쉽게 확인할 수 없었을 것이다.

다만 북서쪽으로만 선박이 출입할 수 있어 대한 해협 건너 조선으로 향해 오는 왜선倭船에 대해 빠른 대응이 어려웠을 것으로 생각된다. 그러나 가덕진이 위치한 가덕도는 섬 전역이 산지로 이루어져 있고, 북쪽 해안을 제외한 주변 일대가 가파른 해식애를 이루어, 높은 지대에 척후斥候를 세워 이런 단점을 충분히 보안할 수 있었으리라 생각된다. 또한 가덕진이 위치한 가덕도는 주위의 여러 수군진과 쉽게 협응할 수 있는 위치에 있다. 특히 가덕진은 건너편의 신문보, 안골포와 함께 김해 연안의 방어망을, 건너편의 영등포와 함께 진해만 일대에 방어망을 형성하기 쉬운 위치에 자리하고 있어 경상도 일대의 연안 방어에 상당히 중요한 지점이었다.

뿐만 아니라 가덕도는 왜구의 근거지가 되는 대마도와 가깝고 섬의 크기가 커 적에게 점령당할 경우 적의 거점으로 활용될 수 있어 더욱 그 방어가 중요했다. 가덕진은 조선 초기에 설치된 많은 수군진과는 달리 중종 때 설치되었다. 특히 중종 때 삼포왜란과 사량진왜변蛇梁鎭倭變이 가덕진 설치의 계기가 되었다.

이후 사량진왜변이 일어나면서 경상도 일대의 수군진 및 진성의 설치가 활발하게 진행된다. 마침내 1544년 9월에 가덕진이 가덕도의 또 다른 진인 천성진과 함께 설치되었다.

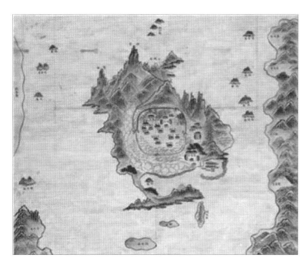

가덕진도(1872 지방지도)

임진왜란 때 가덕진은 일본군에 의해 함락되어, 종전 이후 천성포와 함께 안골포로 이진되었다. 이후 가덕진은 1656년 (효종 7) 통제사統制使 유혁연柳赫然의 건의로 인해 다시 옛 자리로 복귀하였다. 당시 가덕진은 첨사진으로서 여러 만호진을 관할에 두고 있었다. 『영남진지嶺南鎭誌』를 보면 동도東道를 주관하는 우두머리 진首鎭으로써 관하에 구산, 천성, 안골, 제포, 조라포, 옥포, 지세포, 율포, 가배량 등 도합 9개진을 거느리고 있다고 기록되어 있다. 이는 가덕, 부산, 거제도의 우측편을 포괄하는 넓은 범위에 해당한다.

조선 후기 가덕진에 배치된 전선戰船은 전선戰船 2척, 병선兵船 2척, 사후선伺候船 4척이다. 다른 수군진이 주로 전선 1척, 병선 1척, 사후선 2척을 보유하는 것과는 달리 2배에 달하는 수의 전선戰船이 배치되어 있었는데, 이는 만호진인 다른 진보다 첨사진인 가덕진에 더 많은 전선이 배치된 것이다.

현재 가덕진성의 평면 형태는 직사각형으로, 동·남·북쪽에 반원형의 편문식 옹성이 있던 것으로 추정된다. 성벽 시설 대부분이 가정 담장이나 학교 울타리로 사용되고 있다. 성벽은 현재 동벽과 남벽의 일부를 확인할 수 있다. 동벽은 높이 2.7미터, 폭 3.4미터 내외로 100여 미터가 천가초등학교 담장으로 활용되면서 남아 있으며 높이 2.8미터, 상단부 폭 3.8미터 내외인 옹성과 동문이 발견되었다. 동문은 현재 가덕 주민센터 앞부분에 위치하고 있다. 동벽의 치稚도 성벽에서 길이 6미터, 폭 4.8미터 정도 돌출되어 확인되었다.

가덕진 유적 현황(부산광역시 강서구 성북동 1446-1번지 일대)

가덕진 선소 추정지(눌차대교 아래 해면)

남벽은 최대 잔존 높이가 3.3미터 가량으로, 하단부에 기단석과 큰 돌을 쌓고 상
단으로 갈수록 작은 돌로 쌓은 옹성도 확인되었다. 서벽은 중학교를 신축하면서 대
부분 파괴되었으며, 학교 밖의 민가에 일부 흔적이 남아 있었다. 또한 북벽과 서벽이
만나는 부분에 치가 확인되었다. 또한 북문지와 관련된 것으로 보이는 성들이 가덕
도동 433번지에서 발견되었다. 가덕진 북쪽 성북동 56-8번지 일대 선소가 있었던 것
으로 추정되며, 눌차도로 연결된 다리 시공 및 부산신항 조성 당시 원형을 잃
은 것으로 추정된다.

한편 천가초등학교 내에서 비석 4개가 발견되었는데, 그 내용을 정리하면 〈표〉와
같다.

비명	크기(높이×폭×너비) cm	연대
행절제사이후우성영세불망비 行節制使李侯雨成永世不忘碑	132×13×35	1866
행절제사이후두용영세불망비 行節制使李侯斗鎔永世不忘碑	146×15×47	1889
행절제사오후신묵영세불망비 行節制使吳侯信黙永世不忘碑	123×19×45	1869
척화비 斥和碑	135×16×45	1871

가덕도 비석군

(2) 천성만호진성(시도기념물 제34호)

※ 소재지 : 강서구 천성동 1613번지 일원

가덕진은 그 유적이 별로 남아 있지 않지만 천성보는 그 형태가 상당히 많이 남아 있다. 조선시대의 천성보는 현재 천성진성이라는 이름으로 그 유적이 남아 있다.

천성진성은 1544년 사량진왜변이 일어난 이후, 해안의 방어를 강화할 목적으로 첨사영인 가덕진성과 같이 축성되었던 만호영이다. 가덕도의 동편으로는 가덕진성이 위치해서 안골포·웅천 지역으로 이동하는 왜구를 견제하고, 천성진은 가덕도의 서편에 위치하여 거제 지역으로 이동하는 왜군을 견제하려 했다.

당시 천성진을 쌓은 인물은 초대 천성보만호인 최수인崔守仁이다. 최수인이 1544년에 천성보만호로 이곳에 부임해서 성곽을 쌓고, 관아 건물들을 건립했다. 그 후 임진왜란 직전 부임한 만호 박경신朴慶新이 중수했고, 임진왜란으로 함락된 후 60여 년 뒤에 복구되었다. 그리고 구한말까지 운용되다가 1903년 군대해산령에 따라 천성진성의 관아들이 빈집으로 변했고, 1905년 무렵에는 일본군들이 침입해서 무기류들을 모두 수거해 갔다.

천성진성은 동쪽의 망봉을 주산으로 등지고, 그 좌·우에 낮은 산들이 둥글게 에워싼 가운데 바다를 바라보는 곳에 자리 잡았다. 대지는 동쪽에서 서쪽의 해안을 향해서 완만한 경사를 이룬다. 정문인 서문에서 해안까지는 20~30미터 정도 거리에 불과해서 거의 바다에 면해 있다고 해도 좋을 만하다. 전면은 바다를 경계로 하고 남동·북쪽은 산으로 둘러싸인 골짜기에 자리잡았다. 그래서 평지 포곡형 성곽이라 해도 무방할 것 같다. 성곽 안팎의 고저차도 거의 없어서 자연석을 이용한 협축식挾築式으로 성곽을 축조했다.

이러한 지형 탓에 부산과 거제 사이의 바다로 접근하는 왜선에서는 성곽이 쉽게 눈에 띄지 않는다. 천혜의 요새지로서 충분한 조건을 갖추고 있다. 다만 포구 양쪽으로 곶이 길게 뻗어 나가 있으므로 바다로의 조망과 관측에 어려움이 없지 않다. 그래서 남쪽 곶의 끝머리에 어변정禦邊亭을 설치했다. 경상좌수영성의 동문 밖 바닷가에 있는 건물이 어구정禦寇亭으로 이와 비슷한 성격의 건물로 추정된다.

임진왜란 시기는 초반부터 일본군에 점령되고, 성석은 가덕왜성加德倭城과 지성 子城倭城 축조에 이용되었다. 임진왜란 이후 다시 축성되었으나 1895년 갑오개혁 이후 폐성되어 현재에 이르고 있다.

천성진성 발굴 현장

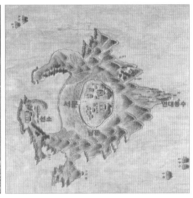
고지도를 통해 본 천성진성의 주요 시설

천성진성은 전국의 수군 만호진성중 비교적 흔적이 잘 남아 있어, 바다쪽의 천성항 개발과는 별개로, 향후 성곽 복원사업이 추진될 예정이다. 선소는 천성진성의 남서쪽에 위치하여 현재 거가대교 가덕휴게소 아래 절벽 위치로 추정된다. 천성진성과 선소의 거리가 다소 떨어져 있는 이유는, 천성진성 바로 앞과 북서편 해안은 남해바다의 파도가 쉽게 들이치는 지형으로 최근에도 부산 일대에 태풍이 오면 피해가 자주 발생하는 지역이다. 그러므로 조선시대의 수군 운영상 배를 비교적 안전하게 댈수 있는 곳은 현재 가덕휴게소 북변 자리일 것이다. 이는 고지도로도 확인할 수 있다.

천성보 유적을 확인하기 위해서는 주로 서문으로 진입해서 남문 일대를 확인하고, 동쪽 성벽의 증축된 흔적을 보는 순서로 진행하면 된다. 그런 후 다시 성내로 들어와 북문의 흔적을 확인하는 순서가 바람직하다.

성을 둘러싸는 해자는, 성의 북쪽으로는 천성천이라는 자연하천을 이용하고 동쪽과 남쪽에 해자의 흔적으로 추정되는 지점이 있다. 한편 선소는 현재 가덕휴게소 아랫부분으로 추정되고 있다.

천성진 선소 추정지

(3) 연대봉 봉수대

※ 소재지 : 강서구 천성동 산6-1

천성진성 뒤편의 연대봉(해발 459.4미터)에는 조선 전기 이전부터 존재하던 봉수가 있었다. 이 봉수대는 임진왜란 발발 시 일본군의 침입 사실을 처음으로 관측한 곳이라는 점에서 의미가 있다. 특히 이순신의 장계에 경상우수사 원균의 보고 내용을 수록하였는데, '응봉 봉수 감고 이등李登과 연대 감고 서건徐建' 등이 고하기를, '오늘 4월 13일 하오 4시에 왜선 몇 십 척인지 알 수 없으나 대강 본즉, 90여 척이 본토를 출발하여 경상좌도의 추이도를 지나 부산포로 향하는데, 멀고 침침하여 척수를 상세하게 헤아려 볼 수는 없으나 연이어 나오고 있다'고 보고하므로라고 언급함으로써 임진왜란 발발 사실을 가장 먼저 알아서 보고한 장소로 볼 수 있다.

조선시대의 군사통신 수단을 대표하는 것으로 국가적인 기간통신망으로 운영하였던 봉수제가 있었다. 봉수는 봉烽, 횃불·炬과 수燧, 연기·煙로 국경과 해안의 안위를 약정된 신호전달체계에 의해 본읍·본영·본진이나 중앙의 병조에 전하던 군사통신 수단이었다. 한국의 역사에서 이미 삼국시대부터 활용되기 시작한 후 고려시대에 이르러서 정례화되었다. 이후 조선 세종 대에 크게 정비되어 1895년까지 국가적 규모로 운영되었다. 이 때문에 봉수제도가 전근대사회에서의 정보통신 체계로서 가장 발전된 형식을 가진 시대는 조선왕조였다.

현재 한반도 남부 지역에는 약 500여 기 내외의 봉수터가 동·남·서해 연안의 만이나 곶뿐만 아니라 도서 혹은 육지내륙의 산정이나 산중에 소재하고 있다. 봉수는 성격에 따라 경봉수·내지봉수·연변봉수로 구분된다. 경봉수京烽燧란 봉수제가 운영되던 고려시대와 조선시대에 전국의 모든 봉수가 집결하였던 중앙봉수이다. 고려시대에는 개경의 송악산에 국사당, 성황당 등 2기의 봉수가 있었고, 조선시대에도 계속적으로 사용되었다.

조선시대에는 한성의 목멱산木覓山에 5소의 경봉수가 있었으며, 전국 모든 봉수의 최종 집결처였다. 조선의 봉수제는 국초부터 5거의 거화제로 확립되어 조선시대 전 시기를 통해 국가적으로 운영되었다. 그런 만큼 전국에서 오는 봉수를 받기 위하여 목멱산에 5소의 봉수가 설치되었다. 경봉수는 병조의 관장 하에 실무는 무비사가 담당하였다. 아울러 목멱산에는 매 소마다 봉수군 4인, 오원 2인 등 총 30인을 배치하였다. 이에 병조는 사람을 지정하여 봉수를 망보게 하다가 다음 날 새벽에 승정원을 통해 왕에게 보고하였다. 만약 변고가 있으면 야간이라도 즉시 보고하게 하였다.

내지봉수는 변경 지역 초면의 연변봉수와 경봉수를 연결하는 육지 내륙 지역 소

재의 봉수이다. 연변봉수는 국경과 해안가 및 도서 등 극변極邊 초면에 설치되어 연
대煙臺라 지칭되었던 봉수이다. 지방은 각 도의 관찰사 밑에 수령이 진장을 겸직하여
각 부·목·군·현별로 봉수의 오장과 봉수군을 지휘·감독토록 조직되었다. 연변봉
수에는 매 소에 봉수군 10인, 오장 2인 등 총 60인, 내지봉수에는 매 소에 봉수군 6
인, 오장 2인 등 총 40인을 배치하여 상·하 2번으로 근무하게 하였다.

아울러 내지·연변봉수의 보고체계는 감고監考 봉수의 관리를 위하여 각 봉화대로 소
집, 감독하던 관원가 유사시에는 즉시, 무사시에는 매 10일에 1회 소관 진장에게 보고
하였다. 수령은 감고의 보고를 받으면 유사시에는 즉시 관찰사와 병조에 보고하고,
무사시에는 관찰사에게 수시로 보고하였다.

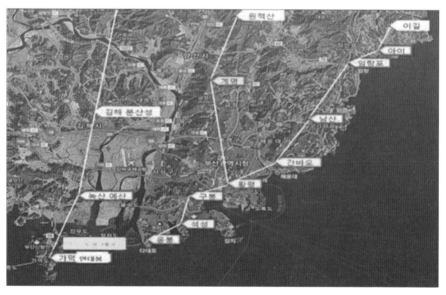

부산과 인근의 봉수 위치와 경로

이 외에 조선 후기 군사적으로 중요하였던 영진에서 자체적으로 설치하여 본읍·본진으로만 연락하도록 운용되었던 권설봉수(權設烽燧, 간봉이라는 이름은 직봉의 전 노선에 이어지는 사이사이로 이어진 노선을 이름하기도 하며, 단지 본진·본읍·행영·수영의 지방적 정보에만 사용하는 것도 간봉이라 하였다. 이를 권설이라고도 하였다.)가 있다. 또한 조선 후기 이양선의 침입에 대비하여 단기간 운용되었던 료(瞭)망대(瞭望臺)도 넓은 의미의 봉수로 볼 수 있다. 요망대란 높다란 곳에서 적의 동정을 살펴보기 위해 흙 또는 석재를 높이 쌓아서 사방을 바라볼 수 있게 만든 시설이다. 주로 경상도 전라도 남해안 일대의 도서에 다수 분포하고 있음이 확인된다. 요망대에 근무하는 요망의 책임자를 요망장이라 하였으며 그 밑에 요망군이 있었다.

현재 복원된 연대봉 봉수대 모습

3 사하구(다대호) : 부산포해전의 서전 승리를 거두다

(1) 다대포(多大浦)해전지

※ 소재지 : 사하구 다대동

임진왜란 때 다대포첨사였던 윤흥신尹興信과 그 동생 흥제興悌가 왜군과 접전을 벌여 전사한 유서 깊은 곳이다. 또한 이순신이 이끈 조선 수군이 1592년 9월 1일 일본군의 대선 8척을 분멸시킨 곳이기도 하다. 다대포해전지는 낙동강 하구 최남단에 있는 다대반도와 두송반도에 둘러싸여 있으며, 5개의 소만小灣으로 구성되어 있다. 부산 시내에서 17킬로미터 지점에 위치해 있다.

다대포라는 지명의 유래는 큰 포구가 많은 바다라는 데서 비롯되며, 『일본서기日本書紀』에는 다다라多多羅로 기록되어 있다. 이곳은 일찍부터 왜구의 출몰이 잦아서 국방상 중요한 요새지였다. 1407년(태종 7) 7월 다대포 천호를 두었다가 1417년(태종 17)에 만호영을 설치하였다. 조선 세종 때는 이곳에 수군만호영을 설치, 수군 123인과 병선 9척을 배치하였다. 1490년(성종 21) 11월에 다대포성을 축성하였는데, 높이 4미터, 둘레 560미터의 규모였다. 이후 1544년(중종 39) 9월에는 다대포에 첨사를 배치

하였다. 주변에는 다대포해수욕장과 몰운대·을숙도 생태 공원·낙동강 하구 에코센
터·낙조분수 등의 주요 명소가 있다. 또한, 역사적으로 국방상의 요지여서 윤공단尹
公壇·다대포첨사청·정공운순의비鄭公運 殉義碑 등 선인들의 무공을 알려 주는 많은
유적지가 산재해 있다.

부산포해전의 서전(緖戰) 해전 지역도

(2) 다대포객사(多大浦客舍, 부산 유형문화재 제3호)

※ 소재지 : 사하구 다대동 산144

객사는 고려·조선시대에 각 고을에 설치하였던 것으로 관사 또는 객관이라고도
한다. 객사는 고려 전기부터 있었으며 외국 사신이 방문했을 때 객사에 묵으면서 연
회도 가졌다. 조선시대에는 객사에 위패를 모시고, 초하루와 보름에 궁궐을 향해 예
(망궐례)를 올리기도 하였으며 사신의 숙소로도 이용하였다.

다대포 객사를 처음 지은 연대는 정확하게 알 수 없으나, 1825년(순조 25)에 다시 지었다고 한다. 현재 남아 있는 건물은 다대초등학교 안에 있던 것을 1970년 현 위치로 옮겨 복원한 것이다. 이것은 이 지역에 남아 있는 유일한 객사 건축물이다.

　　앞면 5칸·옆면 2칸 규모로 지붕은 옆면에서 볼 때 여덟 팔八자 모양을 한 팔작지붕이다. 벽이 없이 기둥으로만 이루어진 이 객사는 일반적으로 중앙의 정당과 좌우 익실로 이루어진 다른 객사들과는 달리, 정당만이 남아 있는 것으로 보인다. 1980년 기둥과 마루를 보수하고 단청공사와 현판을 설치하였다.

　　조선시대에 부산에는 다대포첨사영 이외에도 부산진성 안에 '공진관'이란 이름의 객사와 지금의 수영인 옛 좌수영에 '영파당寧派堂'이란 이름의 객사가 있었고, 동래부에 '봉래관蓬萊館'이라 이름한 39칸이나 되는 객사가 있었다. 그리고 초량왜관에 왜관으로 오가는 사람을 위해 '대동관'이란 객사에 조선왕조 건국 이래의 역대 국왕의 전패殿牌를 봉안하고 있었다. 그때는 일본에서 사신이 오면 이 전패에 먼저 예를 올려야 했다.

다대포객사의 모습

위에 말한 객사들은 지금으로부터 100여 년 이전(한일합방 이전) 또는 갑오경장 이전까지는 부산에 모두 다 있었으나 지금은 다대포객사만 남아 있다. 다대포객사가 남아 있다 해도 지붕과 기둥, 밑뿌리의 하방下防만 남아 있을 뿐 벽체는 허물어진 뒤다. 그때 회원관이라 불린 이 객사도 본래의 다대포진이었던 지금의 다대초등학교 자리에 그대로 있는 것이 아니라, 1970년 몰운대 현재의 자리에 원형 그대로 이전 복원된 것이다. 따라서 다대포객사는 부산에서 가장 오래된 객사 건물이라고 할 수 있다.

(3) 몰운대(沒雲臺, 시도기념물 제27호)

※ 소재지 : 사하구 다대동 산144

현재 다대포해수욕장 끝자락 해상이 몰운대이다. 이후 낙동강물의 토사 퇴적으로 다대포와 연결돼 육지가 되었다. 임진왜란 당시 몰운대는 몰운도라는 섬이었다. 몰운도의 이름은 낙동강 하구에 안개와 구름이 끼는 날이면, 그 안개와 구름에 잠겨서 섬이 보이지 않는다고 하여 '구름 속에 빠진 섬'이란 뜻이다. 조선 수군은 다대포의 몰운대 앞에서 적을 소탕했는데, 녹도만호 정운은 이곳을 통과하면서 몰운대沒雲臺라는 지명의 운雲자의 음이 자신의 이름인 운運과 같다는 것을 깨닫고 '필시 이곳이 내가 죽을 곳이니 내가 죽더라도 적이 알지 못하게 하라(아사물령적지我死勿令賊知).' 하고 분부를 내리고 군무를 처리하고 계속 부산을 향해 진격해 갔다고 하였다. 이 내용은 현재 몰운대 공원에 위치한 '충신정공운순의비忠臣鄭公運殉義碑'(1798년 건립)의 비문에 기록된 내용의 일부이기도 하다. 이 설화 때문에 실제 정운이 전사한 곳은 부산포 앞이지만 몰운대에서 전사한 것으로 알고 있는 사람도 많다고 한다.

낙동강 하구의 최남단 해발 78미터의 몰운대는 그야말로 비경이고 명승지이다. 우리나라에 고구마를 처음 가져온 일본 통신사 조엄은 〈해사일기〉에서 "아리따운

여자가 꽃 속에서 치장을 한 것 같다."고 몰운대의 경치에 감탄했다. 몰운대의 풍광이 보이는 이곳에 주둔하고 있는 군軍부대 안에 정운공순의비가 있다.

몰운대 전경

(4) 정운공순의비(鄭運公殉義碑, 부산시 기념물 제20호)

※ 소재지 : 사하구 다대동 산144

조선 수군이 부산포구에 도착한 후 정운 장군은 자기 몸을 돌보지 않고 힘껏 싸웠다. 날은 저물어 가고 언덕에서 쏘아대는 일본군의 총탄은 빗발치듯했다. 평소 정운과 함께 흥양현에 거주하고 있었던 80세 노장 정걸丁傑장군은 불안한 느낌을 지울 수 없었다. 정운의 신변에 위험을 감지한 정걸은 정운에게 이렇게 말했다. "해가 저물었고 바람이 세차니 일단 후퇴했다가 밝은 날 다시 와서 싸우는 것이 어떻겠느냐?"라고 조언한 것이다. 정걸의 의견에 정운은 "나는 이미 적과 더불어 생을 함께 하지 않을 것을 맹세하였소."라고 하면서 싸움을 멈추지 않고, 역전한 결과 적탄에

숨지고 말았다는 설화이다. 정걸의 예지력과 정운의 의기 넘치는 자세를 엿볼 수 있는 설화로 평가된다.

현재 부산시에서는 부산포해전일인 1592년 음력 9월 1일(당시 양력 10월 초엿새)을 부산시민의 날로 정하여 추모행사를 하고 있다.

충신정공운순의비(忠臣鄭公運殉義碑)

정운공순의비는 부산광역시 사하구 다대동에 있는 임진왜란 때 순절한 녹도만호鹿島萬戶 정운鄭運의 공적을 추모하기 위해 1798년에 세운 비석이다. 비각은 1974년에 건립하였다.

1592년 9월 1일 이순신은 부산포해전에서 왜선 100여 척을 격파하는 큰 승리를 거두었다. 이 싸움에서 녹도만호 정운은 이순신의 우부장右部將으로 용감하게 싸우다 순절하였다. 비석은 정운의 8세손 정혁鄭爀이 1798년(정조 22) 다대첨사로 있을 때, 명소인 몰운대沒雲台에 세운 것이다.

이조판서 민종현閔鍾顯이 글을 짓고, 훈련대장 서유대徐有大가 썼다. 비 앞면에는 '충신정공운순의비忠臣鄭公運殉義碑'라 적혀 있고, 음기에는 공의 순절 사적을 적고 있다.

(5) 서평포(西平浦) 해전지

※ 소재지 : 사하구 구평동

서평포는 부산포해전 때 서전을 치른 곳으로, 대선 9척을 분멸시킨 비교적 큰 전과를 거둔 곳이 바로 서평포 앞이다. 이 지역은 조선시대 초부터 서평포진西平浦鎭이 설치되어 군사상의 요충지였고, 독지장禿旨場이 열렸던 교역의 중심지였다. 성개城浦에 성을 쌓고 서평진西平鎭이라고 부르면서 원래의 서평이 구평舊平으로 바뀌었다. 조선시대에는 동래군 사하면沙下面 지역이었고, 1896년에 부산부에 편입되었다.

지명은 조선시대 이곳에 있었던 서평진과 관련이 있다. 구평동의 본동은 성포城浦·구서평·구시평·구평이라고도 불렀다. 성포는 서평포 동남쪽에 있던 포구로서 토성이 있었으므로 붙여진 이름이다. 이 성은 신라시대에 축성된 것으로 추정되며, 1970년대 감천만 개발에 의해 사라졌다. 성포 북동쪽 바닷가에 서평포가 있었다. 서평진은 조선 세종 때까지만 해도 부산 첨사영에 소속된 작은 보성堡城이었으나, 1510년 삼포왜란에 이어 을묘왜란이 있은 후 만호영으로 바뀌었다. 조선시대 동래부 사하면에 속하였으며, 『신구대조』에 1914년 구서평동이 구평동이 되었다는 기록이 있다. 1942년 부산부로 편입되었으며, 1983년에 서구에서 사하구 관할로 바뀌어 오늘에 이른다.

이곳에서는 아무런 관련 기념 시설을 확인할 수 없다. 향후 이 지역의 역사성에 대한 관심을 가져서 새로운 역사 기념물의 발굴과 건립을 기대한다. 왜냐하면 부산포해전 이전에 가졌던 서전 중 가장 큰 전과를 거둔 해전지이기 때문이다.

(6) 윤공단(尹公壇, 부산시 기념물 제9호)

※ 소재지 : 사하구 다대동 산24

윤공단은 1765년(영조 41)에 건립되었다. 이것은 임진왜란 때 일본군과 싸우다가 순절한 다대진첨사 윤흥신(尹興信)과, 함께 일본군에 맞서 싸우다 전사한 군관민의 충절을 추모하기 위해 설치한 제단이다.

윤공단

1592년 4월 14일 부산진성을 함락시킨 일본군은 그날 바로 동래읍성과 다대진성을 공격했다. 다대진성의 윤흥신은 이날 성을 지켰으나 다음 날인 15일에는 항전 끝에 전사했으며, 많은 희생을 내고 성은 함락되었다. 윤흥신, 윤흥제 그리고 군관민은 다대포 객관(현재의 부산시 유아교육진흥원 자리)에서 일본군에 맞서 싸우다 전사했다. 다대진첨사 윤흥신에 대해서는 오랫동안 그의 사적(事蹟)이 알려지지 않고 있었다. 그러다가 1761년 경상감사 조엄이 윤흥신의 사적을 기록한 문헌을 입수하고, 송상현과 정발의 사당에 윤흥신이 빠져 있음을 안타까이 여겨 조정에 포상을 청함으로써, 그의 사적이 널리 알려지게 되고 윤공단이 건립되었다. 1765년 당시 다대첨사로 있던 이해문이 제단을 쌓고, 음력 4월 14일을 제사일로 정하여 제사를 지냈다. 윤공단의 3기의 비석 중 중앙에 있는 비석은 앞면에 '첨사윤공흥신순절비僉使尹公興信殉節碑'라고 음각되어 있고, 뒷면에는 한자 12행으로 된 전적이 기록되어 있다. 비석의 양쪽에는 '의사윤흥제비義士尹興悌碑'와 '순란사민비殉亂士民碑'가 자그마하게 세워져 있다. 윤공단으로 오르는 계단 우측 편에는 역대 첨사들의 선정비 또는 영세불망비가 있다.

역대 다대진첨사들의 선정비군

4
서구

(1) 충무공이순신영모비(忠武公李舜臣永慕碑)

※ 소재지 : 서구 서대신동 3가 산2-3

부산시 서구에 위치한 대신 공원에 들어서면 제일 먼저 보이는 돌 비석이 바로 '충무공이순신영모비'이다. 3층으로 구분된 하대 위에 있는 타원형의 연화대, 그 위에 세워진 3.3미터 높이의 비석이다. 영모비에는 우리나라 지도 모양의 자판이 그려져 있고, 그 자판 위에는 '忠武公李舜臣永慕碑'라는 비명이 새겨져 있다.

일제로부터 광복된 후 1947년 일본식 지명을 고쳐 이순신의 시호를 따서 현재의 충무동과 충무로라는 이름이 생겨날 때 세운 비다. 충무로에는 일제강점기 때 남항을 매축하고 세운 기념비(남항매축기념비)가 남아 있었다. 남항매축기념비는 일본인 사업가 이케다 샤추(池田佐忠)가 1930년부터 1938년에 걸친 남항매축 공사의 완공을 기념하기 위해 충무동 로터리에 세운 비석이다.

광복 후 충무경로회 회원 52명이 일제의 잔재를 없애고자 뜻을 모았다. 그리하여 부산시와 함께 1958년 4월 26일 남항매축기념비(南港埋築記念碑)를 파내고, 충무공 이순신영모비를 새긴 후 제막식을 가졌다. 글씨는 당시 시장이던 배상갑이 썼다. 원래 남항매축과 관련된 내용이 기록되었을 것으로 추측되지만, 모두 지워지고 남아 있지 않다. 비석을 옮기는 과정에서 중간 부분이 절단된 흔적도 있다.

충무공이순신영모비

1960년대에 도로가 확장되자 영모비는 원형 그대로 서구 암남동의 해양고등학교 교정으로 옮겼으며, 30년간 학생들의 상징물로 보존되었다. 그리고 1992년 아파트가 건립되자 그해 8월 서구 엄광산로 39번길 53 서대신동 3가 산2-3 대신 공원 입구로 옮겼다. 부산 동아대학교 병원을 지나서 공원 쪽으로 직진해 가면 공원 관리소 바로 위에 우뚝 서 있다.

동구 (부산포) : 적의 본거지에서 최고의 전과를 거두다

(1) 부산포해전지

※ 소재지 : 동구 좌천동 앞바다

부산포해전지를 조망하기 위해서는 두 군데에서 가능하다. 하나는 부산의 중앙 공원에 올라야 한다. 중앙 공원은 부산항 일대가 훤히 내려다보이는 곳에 위치해 있다. 이곳에는 군경을 위한 위령공간(충혼탑)과 일제강점기 독립을 위해 희생하신 분들을 기리는 공간(부산 광복기념관), 6.25 전쟁 최초의 해전이자 승리를 기리는 공간(대한해협진승탑), 이 땅의 민주화를 위해 희생하신 분들을 기리는 공간(민주항쟁기념관)이 한 곳에 모여 있다.

다른 하나는 부산진성 입구에서 증산 공원으로 올라가서 조망하는 것이다. 임진왜란 첫 전투지이자, 부산의 군사적 요충지인 부산진이 있던 부산진성에도 일본인이 쌓은 왜성의 흔적이 남아 있다. 현재 부산진성은 교통부 교차로에서 망양로를 이용하여 동구도서관으로 찾아가면 접근할 수 있다. 흔히 말하는 좌천동 가구 거리 뒤쪽 산이 부산진성이 있던 자리이다. 지금 이곳은 동구 증산 공원으로 조성되어 있다.

오르는 구간마다 왜성의 흔적이 잘 남아 있다. 정상부에는 천수각이 있었던 곳을 추정할 수 있으며, 주변에 3층의 팔각정이 있어서 부산포해전지를 조망할 수 있다.

부산포해전 당시의 해안선 추정도

증산 공원 정상에서 내려다본 부산포해전지

(2) 정공단(鄭公壇, 부산시 기념물 제10호)

※ 소재지 : 동구 좌천동 473번지

임진왜란 때 순절한 부산진첨사 정발鄭撥을 비롯한 여러 분을 모신 곳이다. 정공단鄭公壇은 1766년(영조 42) 부산진첨사 이광국이 부산진성 남문 터에 세웠다. 제사는 해마다 음력 4월 14일 부산진첨사영에서 거행하였으나, 갑오경장 이후 첨절제사제도가 폐지되자 지방민의 정성으로 향사계享祠契에서 지내 왔다. 일제강점기에도 향사계원들이 제사를 지내 왔으나, 부산진육영학숙의 학생들이 경찰에 연행된 이후 폐쇄되었다. 광복 이후 지방 유지들이 향사계를 다시 조직하여 정공단을 새롭게 건립하였다. 1958년부터 부산진향우회에서 제단을 관리하면서 정공단보존회로 이름을 바꾸고 매년 제사를 올리고 있다. 1970년 정공단 내에 돌담을 쌓았으며, 1978년에는 부산시에서 정화사업을 하였다.

정공단

정공단 입구 오른편에는 정발전망비鄭撥戰亡碑가 세워져 있다. 높이 2.18미터, 너비 0.75미터, 두께 0.295미터 규모이다. 경상좌수사 박재하朴載河가 1761년(영조 37) 부산 진성을 돌아보다 영가대永嘉臺 옆에 정발전망비를 세웠다. 일제강점기 전차선로 개설에 따라 영가대가 헐리면서 정공단으로 이전한 것으로 알려져 있다.

비의 앞면에는 '충장공정발전망비'라는 비제가 적혀 있고, 뒷면에는 다음의 내용이 적혀 있다. "지난 임진년의 왜란 때에 부산의 첨사 정발 공은 사기를 돋우며 성을 돌아다니면서 왜적을 무수히 쏘아 맞추어 하루 만에 적의 시체가 산처럼 쌓인 곳이 세 곳이나 되었다. 화살이 떨어지자 부하 장수들이 성을 빠져나가 구원병을 기다리자고 간청하였다. 공은 '나는 이 성의 귀신이 될 것이다. 또 다시 성을 포기하자고 하는 자는 목을 베겠다.' 하니 군사들이 모두 흐느끼며 자리를 떠나지 않았다. 얼마 후 공이 탄환에 맞아 절명하니 성은 함락되고 말았다.

공의 막료인 부사맹副司猛 이정헌李庭憲 공도 곁을 떠나지 않고 죽었으며, 공의 애첩인 애향愛香도 공의 죽음을 듣고 달려와 곡하고 시신 곁에서 스스로 목을 찔러 죽었으며, 공의 노복인 용월龍月 또한 적에게 달려들다 죽었다. 그 후에 왜장은 '귀국의 장수 중에 부산의 흑의장군이 가장 두려웠다.'고 하였다. 이는 공이 싸울 때에 검은 옷을 입었기 때문이다. 난이 평정된 뒤에 조정에서는 공에게 좌찬성의 벼슬을 추증하고 시호를 충장忠壯이라 하였으며, 동래부사 송상현과 함께 충렬사에서 제사를 지내게 하였다.

또 동래성 남문에 비석이 있어서 공이 순절할 때의 일을 상세히 적어 놓았으니 공을 찬양하는 일은 이것으로 거의 남김없이 다하였다고 할 수 있다. 그러나 부산진성은 공이 목숨을 바친 곳인데도 돌에 새긴 기록이 한 점도 없었다. 임진왜란 후 170년 만에 박재하가 왕명을 받들어 경상좌도 수군을 거느리고 동래에 머물게 되었다. 한번은 부산진성에 올라 공이 남긴 자취를 돌아보고 개연히 탄식하며 '이곳에 어찌 충장공의 전망비가 없을 수 있는가?'라고 하였다. 이에 돌을 캐어 영가대 옆에 세우고

사적을 비석 뒤에 새겼다.

아! 부산진은 나라의 목에 해당되는 남쪽 요새이고 섬의 오랑캐 배가 오가는 첫 지점이다. 공의 이름을 새기고 공의 사적을 기록하여 이곳에 세우는 것은 변방의 민심을 격동하게 하고 적의 간담이 떨어지게 하기 위해서이다. 세 자의 곧은 비석이 견고한 성곽과 물샐 틈 없는 방비에 도움이 되지 않는다고 말할 수 없으리라. 만력 임진년 170년 뒤 신사_{후巳}년(1761, 영조 3) 여름에 절충장군 경상좌도수군절도사 박재하는 명을 지어 말한다.

'산악이 우뚝 솟은 것 높다 할 것 없고 / 해와 달이 빛나는 것 밝다 할 것 없네 / 오직 공의 절개만이 세상의 기둥이 되니 / 고립된 성의 일편단심 만고의 모범일세 / 노복과 첩의 충직함도 한 집안에 우뚝하고 / 막료인 이공도 당나라 남팔처럼 늠름하였으니 / 짧은 비석에 적기 어려워도 깊은 바다처럼 다하지 않으리.' 통훈대부 전 행시강원 사서 춘추관 기서관 황간이 쓰다.

충장공정발전망비

(3) 자성대(子城臺) 공원

※ 소재지 : 동구 범일동 590-5

자성대子城臺 일대를 보존하고 부산 시민에게 휴식처를 제공하고자 자성대 공원 子城臺公園을 조성하였다. 자성대는 1972년 6월 26일 부산광역시 기념물 제7호로 지정되었다. 1975년 9월 동문 주변 성곽을 신축하였다. 1988년 3월 26일 공원 조성 계획이 수립되어 자성대 공원을 조성하였으며, 현재까지 운영되고 있다. 자성대 공원의 총 면적은 2만 6,702제곱미터이다.

○ **자성대란?**

부산광역시 동구 범일동에 있는 조선시대 부산진성의 지성으로 부산진시장 건너편 동쪽의 야트막한 산에 위치한다.

부산진성을 모성母城이라 하고 그에 상대하여 자식의 성이라는 뜻으로, 또는 산 정상에 자성을 만들고 장대로 하였다는 데서 자성대子城臺라고 불렀다고 한다. 이곳은 1592년 일본군의 선봉장인 고니시 유키나가小西行長가 주둔하였기 때문에 고니시성少西城, 또는 마루야마성丸山城이라고도 한다. 임진왜란 때 원군으로 온 명나라 장수 만세덕萬世德이 진주한 적이 있었기에 만공대萬公臺라고도 한다.

자성대왜성의 흔적

임진왜란이 일어나기 전에 부산포에는 내성과 외성이 있었는데, 내성은 오늘날 동구 좌천동에 있는 증산을 둘러싼 본성이고, 자성대는 외성이었다. 현재 남아 있는 성터는 임진왜란 때 왜군이 부산에 주둔하면서, 본래의 성을 허물고 왜식 축성법에 따라 부산진의 지성으로 쌓은 성이다. 이 성은 오늘날의 증산에 있었던 부산진성 내성(內城)인 본성과 함께, 1593년(선조 26) 경상도 군정의 책임자였던 모리 데루모토毛利輝元 부자父子가 쌓은 것이다. 한편 왜장 아사노 사찌나가淺野長慶가 1598년(선조 31) 축성과 함께 외곽 구축까지 끝냈다는 설도 있다.

당시 쌓은 성의 둘레는 약 506.7미터, 높이 390미터의 석성이었다. 동문을 진동문鎭東門, 서문을 금루관金壘關, 남문을 진남문鎭南門, 북문을 구장루龜藏樓라 하였다. 1785년 서문 앞 범천의 나무다리를 석교로 개축하였으며, 서문 양측에는 '부산진지성서문성곽우주석釜山鎭支城西門城郭隅柱石'이 만들어졌다. 이것은 임진왜란 후 부산진성을 축성할 때 세운 것으로 추정되며, 원래의 서문 자리인 성남초등학교 교정에 있었는데, 1975년 보수 때 지금의 서문인 금루관으로 이전하였다. '남요인후南徼咽喉', '서문쇄약西門鎖鑰'이라는 글자가 두 돌기둥에 새겨져 있어 이곳이 나라의 관문이었음을 알려 준다.

성내에는 공진관(拱辰館, 객사), 검소루(劍嘯樓, 동헌), 제남루를 비롯한 관사들이 있고, 성외에는 진남루(진의 동쪽), 진남정, 목장창(진의 동쪽 10리), 대치창(진의 동쪽 15리), 석포창(진의 동쪽 45리) 등이 있었으며, 자성대의 장대로서 육우정六隅亭을 세우고 이를 승가정勝嘉亭이라 하였다.

자성대는 일제강점기 때 성내의 군사 시설이 파괴되었고, 전차 선로가 부설되면서 서쪽(오늘날의 부산진시장)의 성문과 성벽이 무너졌다. 그리고 남쪽 바다는 매축되고, 북쪽은 도로와 시가지가 들어섰으며, 동쪽은 매축되어 주거지와 선창이 들어서 옛 모습은 거의 사라졌다. 현재 자성대의 성곽은 왜성의 형태로 경사져 있으며 2단의 성벽이 남아 있다.

천만리영양천공비

    1974년 7월부터 1975년 2월까지 부산광역시에서 정화 복원 공사를 벌여 동문鎭東門, 서문金曘關, 대위의 장대인 진남루鎭南樓를 복원하였다. 1975년 7월에는 동문 주위에 성곽도 신축하였다. 또한 명나라 장수로 조선을 도우러 왔다가 귀화한 천만리千萬里의 후손이 세운 천만리영양천공비千萬里潁陽千公碑도 있다. 그리고 최근 동문 근처에 영가대永嘉臺가 복원되었다. 1972년 6월 26일 부산광역시 기념물 제7호로 지정되었다.

    자성대 정상 부분에는 왜식으로 축성한 왜성의 일부가 아직도 남아 있어 성벽 연구에 참고가 되고 있다. 또한 자성대는 그 변천 과정을 통해 임진왜란의 역사와 왜성의 흔적을 알 수 있는 귀중한 자료이다.

6
중구

(1) 용두산 이순신 동상

※ 소재지 : 중구 광복동 2가 1-2번지

임진왜란 때 부산포해전을 승리로 이끈 이순신 장군을 기리기 위해 당시 부산을 대표하던 중구 광복동(2가 1-2번지) 용두산 공원에 세웠다. 용두산 공원은 1916년에 준공되었으며 한때(1957) 우남 공원으로 개칭되었다가 1966년부터 다시 용두산 공원으로 불리고 있다. 용두산이라는 지명은 산의 모양이 용이 머리를 들고 바다를 건너는 듯한 형태를 취하고 있다는 것에서 비롯되었다고 한다.

용두산 공원의 이순신 동상을 찾으려면 부산근대역사관 쪽에서 들어오는 길과 광복로를 통해 에스컬레이터를 타고 올라가는 길 중 하나를 택하면 된다. 에스컬레이터를 타고 올라가면 용두산미술의거리가 있고, 그 동쪽에는 체육 시설이 있다. 미술의거리를 지나 북서쪽으로 가면 계단이 나오는데, 계단의 동쪽에는 초량왜관비가 있다. 계단을 따라 올라가면 공원비가 있고 공원의 가운데에 광장이 있으며, 광장의 중앙에는 이순신 동상이 우뚝 서 있다.

용두산 이순신 동상

이순신 동상은 높이 12미터, 폭 3.8미터 규모이다. 조각가 김경승金景承의 작품이다. 동상의 앞면에 '충무공이순신상'이라 적혀 있고, 뒷면에 이은상의 글과 오제봉吳濟峰의 글씨로 부산포해전을 기리는 내용이 적혀 있다. 동상은 당시 부산이 속하던 경상남도의 이름으로 건립되었다.

7 수영구(水營城) : 경상좌수영의 본영

(1) 수영사적 공원(水營史蹟公園, 부산시 기념물 제8호)

※ 소재지 : 수영구 망미동, 광안동 일대

수영사적 공원은 조선시대 경상좌도수군절도사영이 있었던 곳으로 현재는 성지 관련 유적만 남아 있다. 1968년 공원으로 지정되어 수영 공원으로 개장하였다.

1995년부터 문화재 정비 사업을 전개하여 수영 공원을 역사 교육장과 시민 휴식처, 그리고 관광지로 개발하고자 새롭게 단장한 후 수영사적 공원水營史蹟公園으로 명칭을 변경하여 현재까지 운영하고 있다.

수영사적 공원의 면적은 27,128제곱미터이며, 도시화 과정에서 성은 허물어지고 성지 관련 유적만 일부 남아 있다. 남쪽 입구에는 수영성 남문水營城 南門이 있다. 현재 부산광역시 유형 문화재 제17호로 옛 수영국민학교 자리에서 옮겨온 것으로 홍예문이다. 남문에 들어서면 부산 좌수영성지 곰솔(천연기념물 제270호) 및 부산 좌수영성지 푸조나무(천연기념물 제311호)가 있다. 북쪽으로는 숲이 조성되어 있다.

숲의 남쪽 기슭에 경상좌수영수사 등의 공덕비군과 수광사(안용복 장군 사당 및 동상이 있음) 및 송씨할매당·할배당과 장승이 자리하고 있으며, 그 남쪽 평지에는 부산 좌수영성지 푸조나무가 철책에 둘러 싸여 있다. 숲의 북서쪽 기슭으로는 수영 민속 예술관이 있어 지역 민속 예술인이 공연 및 전수 등을 할 수 있는 장소로 활용되고 있다. 공원의 서쪽에는 수영구 망미번영로 70번길이 남북으로 가로지르고 있고, 그 서편에 주차장과 의용사가 있으며, 25의용단(부산시 기념물 제12호)이 자리하고 있다.

경상좌수영도(1872년 지방 지도, 규장각 소장본)

부산광역시 수영구 수영성로 43번에 있는 수영사적 공원은 수영 사람들의 혼이 담겨 있는 역사와 교육의 장으로 부산의 해양 민속을 한자리에서 볼 수 있는 대표적 문화유적 공원이다. 공원은 24시간 이용이 가능하며, 주변에는 망미동 문화재 상가 거리, APEC 나루 공원, 올림픽 공원, 벡스코(BEXCO) 등이 있다.

○ 수영성 남문

수영성 남문

남문 양쪽에는 돌로 된 자그마한 강아지가 자리잡았고 바로 너머에는 커다란 나무 한 그루가 버티고 서 있다. 강아지의 정체는 박견拍犬으로, 도둑을 지키는 개라고 한다. 좀 왜소해 보이지만 씨익 드러낸 이도 그렇고 꽤 깐깐하고 질긴 성격 같다.

박견

○ 곰솔나무

이 나무는 곰솔나무라 불리며 무려 400년 동안 살아 있는 역사의 증인이다. 좌수영이 있을 당시 나무 속에 군선을 보호하는 신이 깃들어 있다고 믿어 군선軍船의 무사안녕을 비는 제사를 지내기도 했다고 한다.

곰솔나무(400여세)

○ 푸조나무

푸조나무(500세) : 천연기념물 제311호

푸조나무는 수령이 500년이나 되는 천연기념물로서 느릅나무과에 속하는 낙엽교목이다. 낙엽교목은 가을에 잎이 떨어져서 봄에 새 잎이 나는 나무를 말한다. 임진왜란 당시에도 있었던 역사적 거목이라고 할 수 있다.

○ 송씨할매 사당

임진왜란 이전에 창건되어 지금까지 4백여 년이란 세월 동안 수영마을의 안녕을 빌어준 단아한 자태의 송씨할매당은 일명 수영 고당姑堂이라고도 불리며, 우리 병사들이 싸움터에 나갈 때마다 무사히 이기고 돌아오기를 빌었던 곳이라 한다. 그후 일제강점기 때, 산에 땔감을 하러 갔다가 자신을 희롱하는 일본 군인을 과감하게 물리친 수영동에 살고 있던 송 씨 성을 가진 할매의 장한 일을 기리기 위해 할매당에 송씨할매를 모시게 되었고 그 뒤부터 송씨할매당이라 불렸다고 전해진다.

송씨할매 사당

○ 25의용단

1609년 ◯◯◯◯ ◯◯ 지방민들의 청원에 의해 '25의용'이 세상에 알려졌고, 1854년 ◯◯◯◯◯ 경상좌수사가 이들을 기리는 사당을 지어 봄가을 두 차례 제사를 지냈으며, 일제강점기 때 핍박을 받다가 2001년 3월에 오늘날과 같은 모습으로 정비되었다.

25의용사를 모신 의용단

(2) 경상좌수영 선소 유허비

※ 소재지 : 수영구 수영동 541

조선시대 수군 함정이 정박하던 곳이 있다. 민락교를 건너 수영강 방면으로 거슬러 올라가면 수영 현대아파트 단지가 나온다. 101동과 103동 사이 어른 키 3배는 됨직한 돌비가 정박지 표지석이다. 제목은 '경상좌도수군절도사영 선소船所 유허비'. 독립투사 원운遠雲 한형석 선생이 쓴 글씨라서 기개가 하늘을 찌른다.

유허비엔 이곳이 조선시대 동남 해역을 방어하던 경상좌도 수군 군선이 정박했던 곳이라고 적혀 있다. 방어 지역은 낙동강에서 경북 영해까지. 경상좌수영은 처음 감만동에 있다가 울산 개운포로 옮겼으며 임란 직전 수영으로 옮겼다. 전선戰船 3척, 병선兵船 5척, 귀선龜船 1척, 사후선伺候船 12척을 갖춘 거진巨鎭이었다.

돌비 상단의 시 제목은 선상탄船上嘆. '전투 배 타던 우리 몸도 고기잡이 배에서 늦도록 노래하고…' 노계 박인로 작품이다. 박인로는 송강 정철, 고산 윤선도와 함께 조선시대 3대 가인 중 한 사람이다. 박인로 선상탄이 왜 여기 있을까. 임란이 끝난 지 채 10년이 안 된 1605년 여름 부산진수군통주사 統舟師 로 부임해 쓴 시가 선상탄이다.

경상좌수영 선소 유허비

참고문헌

강진군 임진왜란기념사업회, 「임진왜란과 강진의 충절」, 2009.05

거제시지 편찬위원회, 「巨濟市誌」, 2008

경남대학교 인문과학연구소 편, 「이야기지도로 찾아가는 창원의 역사와 문화」, 도서
　　출판 바오, 2015.12

경상남도 제승당관리사무소, 「制勝堂誌」, 1986.01

고흥군, 「고흥의 금석문」, 2014

고흥군, 「고흥홍보지(우리 고흥에서 만나요)」

고흥군, 「임진왜란과 흥양수군」, 2015

고흥군, 「임진왜란 흥양해전사 연구」, 2016

국립목포대학교박물관·전라남도·목포시, 「木浦市의 文化遺蹟」, 1995.11

국립해양문화재연구소, 「조선시대 수군진조사 I 전라우수영편」, 2011.12

국립해양문화재연구소, 「조선시대 수군진조사 II 전라좌수영편」, 2014.07

국립해양문화재연구소, 「조선시대 수군진조사Ⅲ 경상우수영편」, 2016.11

군산대박물관, 「선유도 답사보고서」, 2015

군산문화원, 「군산항에 얽힌 이야기들」, 2017.06

군산문화원, 「군산도(선유도)의 문화유산 재발견」 심포지엄 자료집, 2011.12

김기환 저, 전우람이·윤효정 옮김, 「李舜臣世家」, 현충사관리소, 2011.04

김현우, 「임진왜란의 흔적 1」, 한국학술정보, 2012

남해문화원, 「남해금석문총람」, 2014

목포시청, 「목포의 심장, 목원동 이야기」, 2016.07

부산광역시사 편찬위원회, 「국역 萊營誌」, 2001

부산박물관, 「釜山 성곽」, 2016.12

(사)보령문화연구회, 「保寧文化 제25집」, 2016

(사)순천지구이충무공유적영구보존회, 「순천과 이순신」, 2007.04

사천문화원, 「사천문화 제19호」, 2016

사천문화원, 「사천향토문화유적」, 2013.04

사천정명600년사 기념사업추진위원회, 「사천정명 600년사」, 사천문화원, 2014

서산시, 「서산의 역사(서산시지 제2권)」, 1998.04

송갑득 편저, 「樂安邑城」, 순천시, 1995.05

양광식 편저, 「울돌목 승리 김억추장군」, 강진군문화재연구소, 2012

여수시문화원, 「麗水市 金石文大觀」, 2003.10

온양문화원, 「온양아산 마을사Ⅰ」, 2000.12

온양문화원, 「온양아산의 문화재」, 2006

완도군지 편찬위원회, 「완도군지」, 1991

완도문화원, 「가리포진(홍보지)」

이진이, 「이순신을 찾아 떠난 여행」, 책과함께, 2008

전라남도, 「명량으로 가는 길」, 2015.02

정읍문화원, 「井邑文化財誌」, 1999.12

정읍시, 「정읍문화재답사 길라잡이」, 2016.12

정읍시, 「정읍홍보지(정읍 9경 구경가세)」

천경석, 「아산의 나루와 포구」, 온양문화원, 2015.01

충청남도아산군·공주대학교박물관, 「牙山의 文化遺蹟」, 1993.04

통영문화원, 「국역 통영향토지(통영문화총서 제3집)」, 1996.12

통영시, 「문화재의 얼굴—안내판 문장 어떻게 다듬을 것인가?」, 2013.06

한국문화유산답사회 엮음, 「답사여행의 길잡이(시리즈)」, 돌베개, 2002.04

해군사관학교 박물관, 「忠武公李舜臣遺跡圖鑑」, 1992

해군역사기록관리단, 「충무공이순신 백의종군로 고증(서울에서 전라북도 지역까지)」, 2015.01

해군충무공리더십센터, 「충무공 이순신」, 2004

현충사관리소, 「충무공과 현충사」, 2007

관련지방자치단체 발행 소개 홍보 팜플렛
관련지방자치단체 문화관광, 문화예술과 제공 자료

※ 아래 특별자료를 제공해 주신 분께 큰 감사를 드립니다.

안소정(부산 향토사연구 전문가) : 지도그래픽 자료 제공 및 사용 협조

이수경(전남대 문화유산연구소 선임연구원) : 고지도 및 관련 자료 제공

임진전쟁을 승리로 이끈 이순신 인맥 38

이순신 파워인맥,
이순신을 만든 사람들

제장명 지음 | 18,000원

'임진전쟁'을 승리로 이끈 이순신의 사람들 중에는 어떤 사람들이 있을까? 이 책에서는 이순신의 사람들을 재조명하고 있다. 이순신의 핵심 지휘관으로 정운, 권준, 어영담, 이순신(입부), 배홍립이 있다. 이순신과 함께 전략/전술을 함께 만든 유형, 송희립, 배경남을 소개하고 있다. 해전을 승리로 이끌기 위해서는 전선 및 무기를 담당한 사람들도 필요한데, 이런 역할을 한 사람이 나대용, 이언량, 정사준, 이봉수다.

조선의 선비들, 인문학을 말하다

김봉규 지음 | 15,000원

인문학에 대한 관심이 그 어느 때보다 높아지고 있다. 주체적인 삶에 대한 열망이 갈수록 강해지고, 느림의 미학이 여전히 설득력을 얻고 있으며, 위로의 메시지가 사람들의 가슴을 적시고 있다. 물질적으로는 풍요롭지만 정신적으로는 빈곤한 삶 속에서 느끼는 가치관의 혼란으로 인해 '어떻게 살 것인가?'를 고민하며 그 해답을 찾고자 하는 이들이 늘고 있다. 이 책은 한국 역사 인물을 통해 본 인문학 공부법으로 '어떻게 살 것인가'에 대한 답을 제시한다.

'함께하는 교육, 100년의 약속'을 위한
행복 교육 프로젝트

No.01 손태익 글 | 홍종남 기획

**한국사 시대별
관제 편람**

No.02 김봉규 글 | 홍종남 기획

**조선의 선비들,
사랑에 빠지다**

No.03 류동학 글 | 홍종남 기획

대통령의 운명

No.04 이성대 글 | 홍종남 기획

**4차산업혁명,
문제해결력이 정답이다**

No.05 제장명 글 | 홍종남 기획

**이순신 파워인맥,
이순신을 만든 사람들**

No.06 제장명 글 | 홍종남 기획

**전국 방방곡곡,
이순신을 만나다**

대한민국 구석구석 이순신과
이순신 유적지의 모든 것!